CUSTOMER EXPERIENCE MANAGEMENT

CUSTOMER EXPERIENCE MANAGEMENT

Gestão Prática da Experiência do Cliente

Carlos Caldeira
Sócio da KC&D e Professor do Insper

ALTA BOOKS
EDITORA
Rio de Janeiro, 2021

Customer Experience Management
Copyright © 2021 da Starlin Alta Editora e Consultoria Eireli. ISBN: 978-65-5520-251-9

Todos os direitos estão reservados e protegidos por Lei. Nenhuma parte deste livro, sem autorização prévia por escrito da editora, poderá ser reproduzida ou transmitida. A violação dos Direitos Autorais é crime estabelecido na Lei nº 9.610/98 e com punição de acordo com o artigo 184 do Código Penal.

A editora não se responsabiliza pelo conteúdo da obra, formulada exclusivamente pelo(s) autor(es).

Marcas Registradas: Todos os termos mencionados e reconhecidos como Marca Registrada e/ou Comercial são de responsabilidade de seus proprietários. A editora informa não estar associada a nenhum produto e/ou fornecedor apresentado no livro.

Impresso no Brasil — 1ª Edição, 2021 — Edição revisada conforme o Acordo Ortográfico da Língua Portuguesa de 2009.

Produção Editorial
Editora Alta Books

Gerência Editorial
Anderson Vieira

Gerência Comercial
Daniele Fonseca

Produtor Editorial
Illysabelle Trajano
Thiê Alves

Assistente Editorial
Rodrigo Dutra

Equipe de Marketing
Livia Carvalho
Gabriela Carvalho
marketing@altabooks.com.br

Coordenação de Eventos
Viviane Paiva
comercial@altabooks.com.brw

Editor de Aquisição
José Rugeri
j.rugeri@altabooks.com.br

Equipe Editorial
Luana Goulart
Ian Verçosa
Maria de Lourdes Borges
Raquel Porto
Thales Silva

Equipe de Design
Larissa Lima
Marcelli Ferreira
Paulo Gomes

Equipe Comercial
Daiana Costa
Daniel Leal
Kaique Luiz
Tairone Oliveira

Revisão Gramatical
Gabriella Araújo
Luciere de Souza

Capa
Marcelli Ferreira

Diagramação | Layout
Joyce Matos

Publique seu livro com a Alta Books. Para mais informações envie um e-mail para autoria@altabooks.com.br

Obra disponível para venda corporativa e/ou personalizada. Para mais informações, fale com projetos@altabooks.com.br

Erratas e arquivos de apoio: No site da editora relatamos, com a devida correção, qualquer erro encontrado em nossos livros, bem como disponibilizamos arquivos de apoio se aplicáveis à obra em questão.

Acesse o site **www.altabooks.com.br** e procure pelo título do livro desejado para ter acesso às erratas, aos arquivos de apoio e/ou a outros conteúdos aplicáveis à obra.

Suporte Técnico: A obra é comercializada na forma em que está, sem direito a suporte técnico ou orientação pessoal/exclusiva ao leitor.

A editora não se responsabiliza pela manutenção, atualização e idioma dos sites referidos pelos autores nesta obra.

Ouvidoria: ouvidoria@altabooks.com.br

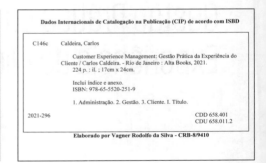

Dados Internacionais de Catalogação na Publicação (CIP) de acordo com ISBD

C146c	Caldeira, Carlos
	Customer Experience Management: Gestão Prática da Experiência do Cliente / Carlos Caldeira. - Rio de Janeiro : Alta Books, 2021.
	224 p. : il. ; 17cm x 24cm.
	Inclui índice e anexo.
	ISBN: 978-65-5520-251-9
	1. Administração. 2. Gestão. 3. Cliente. I. Título.
2021-296	CDD 658.401
	CDU 658.011.2

Elaborado por Vagner Rodolfo da Silva - CRB-8/9410

Rua Viúva Cláudio, 291 — Bairro Industrial do Jacaré
CEP: 20.970-031 — Rio de Janeiro (RJ)
Tels.: (21) 3278-8069 / 3278-8419
www.altabooks.com.br — altabooks@altabooks.com.br
www.facebook.com/altabooks — www.instagram.com/altabooks

AGRADECIMENTOS

É até difícil agradecer a todos que contribuíram para este livro. Espero não cometer uma injustiça e esquecer alguém. Se ocorrer, mil desculpas. Dedico este trabalho aos que sempre me dão apoio incondicional: Débora, Laurinha e Rafa, Charlota, Carlos Pai e Rodrigo. E a saudosa Gabriella.

Também dedico este trabalho aos momentos marcantes que me fizeram um apreciador da ciência, em particular, e das decisões baseadas em evidências, em geral. Acredito que são três momentos mais marcantes. O primeiro foi a paixão de meu avô, Franz Kallausch pelos livros e nosso tempo investido na exploração de livros técnicos e de ciências, muitos em alemão. O segundo, o evento da compra da enciclopédia *Time Life* por meu pai, que, segundo suas palavras "porque ciência é importante", de certa forma, reflete a importância que o conhecimento tinha para uma família naquela época. O terceiro momento foi a oportunidade de trabalhar com o método de resolução de problemas complexos, baseado em hipóteses e calcado em evidências, da Booz Allen Hamilton. Não poderia deixar de citar o doutorado na FGV EAESP e o trabalho no Insper, que me ajudaram a elevar o método de resolução de problemas complexos a outro patamar.

Agradeço a todos que contribuíram, direta ou indiretamente, para que este livro acontecesse. Os nomes não estão em nenhuma ordem em particular.

David Kallás, Marcos Calliari, Flavia Ribeiro, Bruno Guimarães, Giuliana Isabela, Lia Bonadio, Victor Macul, J.A. Rugeri, André Duarte, Rodrigo Amantea, Carlos Eduardo Lourenço, Sergio Borejo, Silvio Laban, Juliana Montenegro, Henrique Farinha, Renata de Iudicibus, Flávia Bravin, Ricardo Redisch, Nicolas Fritis, Amauri Zerillo, William Malfatti, Alexandre Constantine, Wellington Silva, Roberto Ribeiro, Fernando Rocha, Tomas Duarte, Fabiana Barreto, Karina Thaller, Vanessa Boarati, Jean Saghaard, Fabio Armani, Alex Gronberger, Rubens Massa, Daniela Pereira, Guilherme Santos, alunos do curso de CX do Insper, Carla Ramos, Francisco Zapatta.

SUMÁRIO

CAPÍTULO 1

Introdução à gestão da experiência do cliente   1

CAPÍTULO 2

Entendendo as alavancas de valor de CX e CS   27

CAPÍTULO 3

Planejando o "programa de CX" e estabelecendo uma visão de CX   43

CAPÍTULO 4

Onde estamos e para onde vamos? Jornada ou Experiência Ideal   65

CAPÍTULO 5

Mensuração: como vamos medir a experiência?   91

CAPÍTULO 6

A culpa pode não ser dos funcionários: desenvolvendo a força de trabalho para CX   121

CAPÍTULO 7

Haverá problemas na experiência: criando um sistema para gerenciá-los   139

CAPÍTULO 8

Suporte tecnológico e analítico para CXM   159

ANEXO A

O NPS está em minha meta, e agora?   187

ANEXO B

Pequeno glossário de termos de CX e CS   191

REFERÊNCIAS   195

ÍNDICE   211

CAPÍTULO 1

Introdução à gestão da experiência do cliente

O QUE É A GESTÃO DA EXPERIÊNCIA DO CLIENTE?

Como toda palavra da moda, a Gestão da Experiência do Cliente será usada e abusada por organizações, gurus e pela literatura de negócios. Para nossa sorte, é um conceito razoavelmente claro em termos leigos. É, afinal, gerenciar (melhorar) a experiência de consumir os produtos e serviços oferecidos por uma organização. Observemos duas definições. Primeiramente a de Gartner (2019), em tradução livre:

> *Gestão da Experiência do Cliente (Customer Experience Management ou CXM) é a prática de desenhar e reagir às interações com os clientes, para atingir ou superar as expectativas dos clientes e, assim, aumentar a satisfação, a lealdade e o advocacy por parte dos clientes. É uma prática que requer gestão da mudança e o uso de tecnologias para ser bem-sucedida.*

A segunda será parafraseada do Francisco Zapatta, consultor de Experiência do Cliente:

> *Gestão da Experiência do Cliente é a orquestração de experiências memoráveis. Memoráveis no sentido de que a experiência do cliente é um conjunto de percepções objetivas e subjetivas que o cliente tem perante uma marca, por meio dos contatos com essa marca. Mas ele precisa lembrar destas experiências.*

Trabalharemos ao longo do livro com o conjunto destas duas definições. Sem entrar em detalhes, gostaria de destacar alguns pontos do conceito acima que depois serão esmiuçados ao longo do livro:

- O fato de incorporarmos a noção de **desenho (e orquestração)** das experiências que uma organização quer oferecer.

- A noção de reação, ou escrita de outra forma, a noção de melhoria sobre o que o **cliente nos conta ou demonstra *(feedback)*.**

- O importante conceito de **expectativas** dos clientes, da gestão dessas expectativas e da acumulação das diversas experiências na **memória dos clientes**, ainda que de maneira incompleta.

- Os objetivos finais de CXM: **satisfação, lealdade e *advocacy* (boca a boca).**

- A percepção de que o CXM exige um componente de **gestão da mudança ou gestão de um programa de transformação**.

- A ênfase no uso da **tecnologia** para atingir o sucesso em gestão da experiência.

Mas como isso é diferente de tudo que se fazia até hoje? Meu tio já fazia isso em sua cadernetinha no armazém! Isso nada mais é do que marketing de relacionamento com outro nome? Estas perguntas são pertinentes, mas este livro argumenta que a gestão da experiência é diferente e também é uma evolução, especialmente em função de um contexto específico no mundo dos negócios, que toma corpo a partir de meados dos anos 2000.

O CONTEXTO DA TRANSFORMAÇÃO DIGITAL, OU POR QUE DESTA VEZ É DIFERENTE

O contexto que permite com que o conceito de Gestão da Experiência se distancie, embora esteja conectado, ao que se fazia anteriormente em termos de relacionamento, é o contexto da transformação digital. Transformação digital ainda é um conceito em busca de uma definição "universal", mas, para efeitos de argumento, usarei a definição da professora Jeanne Ross do MIT (*Massachusetts Institute of Technology*), especialista em transformação digital e estratégia digital. Segundo ela, a transformação digital perpassa a sugestão de que:

(Para o futuro)... as organizações precisam abraçar a ideia de soluções (e serviços), baseados em dados e informações, e entregues através de experiências impecáveis. (Ross, 2018)

A figura seguinte ilustra o conceito. Interpretando a frase de Ross, temos, então, três grandes tendências afetando o mundo dos negócios: a servitização, a digitalização e a centralidade do cliente.

FIGURA: **Pilares da transformação digital**

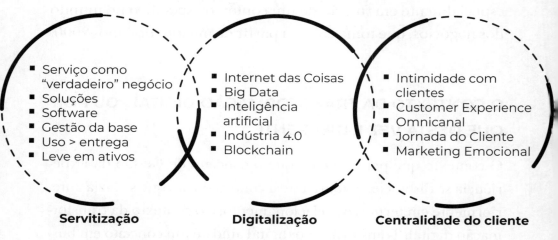

Fonte: Análise a partir de Ross (2018), Neely et al. (2008) e Tseng e Piller (2003).

A **servitização** trata do maior foco das organizações em termos de ofertas de serviços, em detrimento da oferta de produtos (Forkmann et al., 2017). Começou a afetar as organizações manufatureiras já em meados dos anos 2000. Nos últimos anos, vemos uma expansão ainda maior da oferta de serviços. Muitas pessoas deixaram de ter um automóvel, amparadas pelo aumento de ofertas de serviços de transportes via aplicativos de compartilhamento. Em 2019, a Uber já tinha 20 milhões de usuários no Brasil[1]. Outro bom exemplo é o aparecimento dos sites de assinatura de música, os *streamings*. A receita de *streamings*, em 2018, já representava a maior fatia entre todos os tipos de receitas da indústria fonográfica[2]. A servitização acaba mudando algumas características dos negócios: a importância relativa dos serviços (em comparação aos produtos); a concentração em ofertas de soluções; o crescimento de ofertas de serviços baseados em software; a menor necessidade de ativos (*asset-light*) e o aumento da importância da gestão da base instalada.

A **digitalização** anda em paralelo com a servitização, e uma influencia a outra. A digitalização ocorre através da popularização dos terminais inteligentes. Primeiro, ao permitir que cada usuário tenha um terminal inteligente. Depois, ao fazer com que os preços caiam e a maioria dos produtos já saiam embarcados com seus respectivos "computadores" (tais como TVs). Essa disponibilidade de terminais, aliada à disponibilidade das redes 4G ao redor do mundo, permitiu o aparecimento de uma série de serviços inovadores. O Waze é um exemplo. Mais interessante, é a possibilidade de explorar a conectividade dos aparelhos em novas ofertas de serviços, novos modelos de negócio e ofertas baseadas em dados tempo real (por exemplo: a internet das coisas, a possibilidade que seu carro se comunique

---

1 *https://www.uber.com/pt-BR/newsroom/fatos-e-dados-sobre-uber/*

2 *https://techcrunch.com/2019/04/02/streaming-accounted-for-nearly-half-of-music-revenues-worldwide-in-2018/*

com outros carros, ou o aparecimento do Pokémon GO, que utiliza a câmera do celular e o GPS para conectar jogadores no mundo real e virtual).

Quase simultaneamente, começa a crescer o interesse por tornar as organizações verdadeiramente **centradas no cliente**. Ou seja, organizações que se orientam a partir dos desejos dos clientes e não ao contrário. Embora a literatura de marketing já preconizasse essa abordagem, era raro encontrar organizações que realmente fossem focadas em seus clientes (Rust et al., 2010). A partir de meados dos anos 2000 temos uma inflexão. Tanto a servitização como a digitalização permitem que as organizações se tornem verdadeiramente centradas nos clientes. Pela primeira vez, obras que preconizam a centralidade, tais como *A pergunta definitiva* (Reichheld, 2006), se tornam *best sellers*. Enquanto o conceito já existia, as tendências de servitização e a digitalização fizeram com que a centralidade do cliente e, por conseguinte, a gestão da experiência, pudessem finalmente florescer (Spanyi & Davenport, 2019)[3].

Sintomático destas três tendências é o (re)aparecimento, nos anos 2000-2010 das organizações que se tornariam as mais valiosas do mundo. Amazon, Apple e Google começam a oferecer, a exemplo do que preconiza Ross, serviços baseados em software com excelente experiência. A este grupo se junta a Microsoft que, através de Satya Nadella (que graças aos seus esforços e resultados se torna CEO em 2014), consegue finalmente mudar seu modelo de negócios. Não surpreendentemente são estas as

---

3 *Agradeço ao Prof. Victor Macul por esta referência.*

organizações com maior valor de mercado em 2020: organizações que fornecem serviços baseados em software, com alta utilização de informação do usuário, entregues com uma experiência impecável. Além disso, a utilização constante destes serviços (quantas vezes você usou o Google hoje?) alavanca enormemente o valor de (marca e) mercado destas organizações.

TABELA: **Organizações de maior valor de mercado**

ORGANIZAÇÃO	SÍMBOLO	MARKET CAPITALIZATION (US$ BILHÕES)
Apple	AAPL	1855
Microsoft	MSFT	1533
Amazon	AMZN	1502
Google (Alphabet)	GOOG	1123

Fonte: Análise do autor baseado nos dados de 02/11/2020, retirados de Yahoo! Finance.

POR QUE O CXM É IMPORTANTE? EVIDÊNCIAS

Além da evidência de que as maiores organizações em valor de mercado nos Estados Unidos estão no centro da transformação digital e da revolução de experiência do cliente, a literatura traz uma série de evidências favoráveis à relação entre competências em CXM (*Customer Experience Management*) e medidas de desempenho organizacional. Segue uma lista selecionada das evidências desta relação:

TABELA: **Relação entre CXM e desempenho organizacional**

ESTUDO	PERIÓDICO	CONCLUSÃO
Reichheld & Sasser (1990)	Harvard Business Review	Aumento de 5% na retenção de clientes pode aumentar entre 25% e 85% o valor da organização.
Anderson et al. (2004)	Journal of Marketing	Estabelece relação entre satisfação e *shareholder value*.
Reichheld (2006)	Livro: *A pergunta definitiva*	A satisfação do cliente está relacionada ao crescimento de receitas.
Gupta & Zeithaml (2006)	Market Science	Relação entre satisfação e performance financeira nas organizações.
Morgan & Rego (2006)	Marketing Science	Forte relação entre satisfação e uma série de medidas de desempenho financeiro.
Kumar et al. (2007)	Harvard Business Review	Estabelece que o valor da indicação dos clientes pode variar até 10000%, dependendo de sua experiência atual.
Rawson et al. (2013)	Harvard Business Review	Melhor gestão de jornadas está relacionada ao maior crescimento em vendas.
Magids et al. (2015)	Harvard Business Review	Clientes engajados emocionalmente podem ter um valor futuro até 50% maior.
Grønholdt et al. (2015)	International Journal of Quality and Service Sciences	Empresas com melhores indicadores de experiência têm desempenho superior às com indicadores ruins.

Fonte: Seleção do autor.

Mais tarde exploraremos a lógica e as alavancas que provavelmente atuam nesta relação (retenção, *upsell* e *cross-sell*, prêmio de preço, indicações e custo de servir), pois estas alavancas serão essenciais para que a gestão da experiência se reverta em retornos financeiros.

QUANTAS E QUAIS ORGANIZAÇÕES ESTÃO INVESTINDO EM CXM?

Esta é uma pergunta difícil de responder por uma série de fatores. A princípio, porque faz muito tempo que as organizações "dizem" que estão investindo em satisfação do cliente e gestão da experiência. Quando uma organização realmente sai do estágio de autoengano e começa a fazer a gestão? É difícil dizer. Usaremos diferentes critérios para organizações bem diferentes.

Para grandes organizações, consideraremos aquelas que têm um grande programa formal de CXM rodando, que colocaram em suas declarações públicas que a experiência é parte fundamental. Para *startups,* consideraremos as que, analogamente, declaram que a experiência é central à estratégia, ou organizações cujo modelo de negócio oferece um produto muito semelhante ao que existe, melhorando a experiência como forma de diferenciação. A seleção será limitada, mas nos trará evidências sobre a popularização da prática no Brasil.

CUSTOMER EXPERIENCE MANAGEMENT

TABELA: **Organizações maduras apostando na Gestão da Experiência no Brasil (selecionadas)**

ORGANIZAÇÃO	EVIDÊNCIA
Itaú	Desde 2018 tem um grande programa de experiência. Desde 2017 declara que experiência é um dos pilares de sua estratégia.
Santander	Desde 2017 tem um grande programa de experiência.
Banco do Brasil	Alterou sua visão para incluir a experiência como pilar principal.
Banco Votorantim	Começou um projeto em 2019 para melhorar a experiência dos revendedores de automóveis.
BP (Beneficência Portuguesa)	Tem um programa de experiência do paciente desde pelo menos 2017.
Hospital Albert Einstein	Tem um programa de experiência do paciente desde pelo menos 2015. Tem um curso aberto para ensinar sua metodologia de experiência do paciente.
Hospital Sírio-Libanês	Tem um programa de experiência do paciente desde pelo menos 2017.
Fleury	Tem o cargo de Diretor de Intimidade com o Cliente desde o início da década. Publica seu Net Promoter Score nos materiais publicados para Relacionamento com Investidores.
Claro	Tem um programa de gestão de experiência desde 2018. Tem um CXO (Customer Experience Office) desde 2018.
Leroy Merlin	Tem um programa de gestão que vem pelo menos desde 2017.
Toyota	Incorporou a experiência como pilar de sua estratégia mundial a partir de 2018 (muito embora o foco em qualidade do serviço venha de muito tempo).

Fonte: Materiais públicos das organizações, reportagens diversas.

TABELA: *Startups* brasileiras que revolucionaram serviços existentes através de experiência (selecionadas)

ORGANIZAÇÃO	EVIDÊNCIA
99	Revolucionou o *"transport for hire"*, especialmente focando nas famosas cinco estrelas para avaliar os prestadores de serviços e gerenciar a base.
Nubank	A ideia do Nubank começa com uma péssima experiência vivida em um banco tradicional. O Nubank ficou famoso por seu serviço ao cliente com toque pessoal.
QuintoAndar	O QuintoAndar foca especialmente em facilitar a experiência para quem quer alugar seu imóvel.
Amaro	*Startup* de vestuário no modelo direto ao consumidor que considera a gestão da experiência central ao modelo de negócios.
Volanty	Tenta melhorar a experiência de comprar e vender um carro usado.
Loggi	Foca em melhorar a experiência de quem precisa de transporte rápido de pacotes, especialmente clientes do setor corporativo.

Fonte: Materiais públicos das organizações, reportagens diversas.

Outra evidência indireta da utilização de CXM pelas organizações é o crescimento da oferta de serviços para auxiliar estas mesmas organizações nas conduções de seus programas de experiência, ou mesmo nas soluções tecnológicas para este fim. À guisa de exemplo, a Grand View Research estima que o mercado de serviços de CXM vai crescer a 20% a.a. e atingir USD 35 bilhões em 2025[4]. Recentemente, a segunda maior organização de software de CXM, a Qualtrics, foi adquirida pela SAP por

---

4 *https://www.grandviewresearch.com/press-release/global-customer-experience-management-cem-market*

7 bilhões de euros[5]. A Ipsos, uma das organizações líderes em serviços de consultoria em experiência do cliente, tem mais de 1000 funcionários dedicados apenas a esta prática, espalhados por 40 países[6].

SE O CXM ESTÁ SENDO AMPLAMENTE UTILIZADO, ELE VAI SUBSTITUIR O MARKETING?

Parece que toda semana esta história ressurge. A gestão da experiência é o novo marketing. O marketing acabou e assim por diante. Exageros à parte, é seguro dizer que a experiência do cliente e a experiência da marca devem estar intimamente ligados no futuro. Quando olhamos para o ciclo de compra do cliente (usualmente demonstrado como uma figura semelhante ao símbolo do infinito), temos alguns marcos da compra e uso:

1. a percepção da necessidade;
2. a pesquisa de como satisfazer a necessidade;
3. a seleção do provedor;
4. a compra em si;
5. o recebimento;
6. o uso;
7. a decisão de renovação;
8. a recomendação do provedor.

_____

5 *http://www.apdc.pt/noticias/atualidade-internacional/sap-compra-qualtrics-por-71-mil-milhoes-de-euros*

6 *https://www.ipsos.com/en-hk/ipsos-loyalty*

Fonte: Interpretação do autor para gráfico comumente utilizado. Autor desconhecido.

Tipicamente, este esquema sempre foi apresentado em duas cores, representando os silos funcionais das organizações. Os passos de 1 a 5 seriam, numa simplificação, responsabilidade de Marketing. Os passos 6 a 8, de Operações.

Uma das mudanças que a gestão da experiência traz é a de olhar as jornadas do cliente (ou este ciclo de compra) de maneira completa. Problemas em qualquer ponto da Jornada (em CXM, chamados de pontos de contato) podem comprometer a retenção deste cliente com a organização (Dixon et al., 2010). Assim, somem as cores e as responsabilidades ensiladas de cada área, e as organizações devem olhar a jornada como um todo.

Apesar desta união de forças, isso não significa que a gestão da marca e da promessa da marca (ou experiência da marca ou *Brand Experience* ou BX) deixem de ser importantes. O que as evidências mostram é que a jornada é única, a gestão de BX e CX deve ser integrada, e que as áreas de marketing, vendas e operações precisam enxergar esta jornada de maneira única (Clatworthy, 2012).

Vejamos um caso recente. Em 2018, uma grande marca de bebidas mudou sua promessa de marca, tentando integrar sua linha de refrigerantes no intuito de que o cliente não veja diferenças entre as linhas açucaradas e não açucaradas. Na revisão de BX, resolveu-se também por unificar o design das embalagens. O que faz sentido: se o intuito é que as experiências entre as linhas sejam parecidas, que as embalagens sejam parecidas. Ao entrar em seu supermercado local, os compradores eram surpreendidos com o seguinte aviso, bem em frente ao produto:

FIGURA: **Relação entre CX e BX**

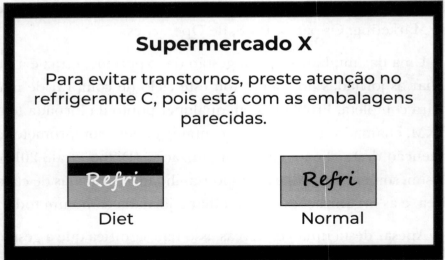

Fonte: Impressão artística do cartaz.

Temos aqui evidências da conexão entre BX e CX. Uma decisão de marca e da promessa da marca teve efeito adverso na experiência. E, se continuarmos o ciclo, podemos imaginar que a pior experiência (imagine ter de voltar ao supermercado para trocar o produto, imagine o custo operacional que o supermercado deve ter sustentado para finalmente decidir colocar o aviso) acaba afetando negativamente a marca. A promessa de marca influencia a experiência do cliente. Boas experiências alimentarão o valor da marca e vice-versa. O que parece é que CXM não é o novo marketing, mas um conceito que poderá contribuir para a integração entre marketing, vendas e operações (Fatma, 2014).

DE ONDE VEIO O CONCEITO DE CXM? UMA HERANÇA DE QUALIDADE, DESIGN DE SERVIÇOS E LEALDADE

Corroborando o fato de que a gestão das experiências faz uma "ponte" entre marketing e operações, a "árvore genealógica" da literatura do conceito é composta por três grandes braços: o primeiro, derivado da literatura de operações, que explora as questões da qualidade e do design de serviços. Na figura abaixo, destaca-se o que se considera a obra seminal de Parasuraman, Zeithaml & Berry (1988)[7], que deu as bases para pensarmos o que é qualidade de serviços: o modelo SERVQUAL, até hoje usado em algumas aplicações de CXM.

---

7 *Parasuraman, Zeithaml & Berry (1988) propõe um modelo de lacunas na qualidade de serviço, organizado em quatro (depois ampliado para cinco) lacunas: lacuna de conhecimento, lacuna de interpretação, lacuna de entrega, lacuna de comunicação e a lacuna do cliente.*

O segundo braço, já "pertencente" à literatura de marketing, é focado nas questões da retenção (com um foco diferente de operações, que enxerga necessariamente a qualidade como percursor da retenção). A literatura, em vez de nome de retenção, foca na fidelização ou lealdade do cliente, especialmente no efeito desta sobre a lucratividade. Uma obra de destaque é a de Anderson e colaboradores (1994), uma das primeiras a focar na questão da relação entre satisfação e lucratividade. Outra é Heskett e colaboradores (1994), que faz a mesma coisa, mas ainda traz a questão da qualidade integrada ao modelo.

Finalmente temos o terceiro braço, que é o da literatura da experiência, com este nome e denominação. Salvo engano, a primeira obra a propor que as organizações deveriam oferecer experiências (usando este termo) é a de Carbone & Haeckel (1994), aqui em um conceito de design de serviços com foco em uma experiência memorável. A literatura de experiência fica em certo hiato entre 1995 e o começo dos anos 2000, até ser revivida pelas obras de Reichheld (2003).

Fred Reichheld pode ser considerado o "pai moderno" do conceito de gestão de experiência. Sócio da consultoria Bain, é dele um dos primeiros artigos a relacionar retenção com lucratividade (1990). Durante os anos 1990, Reichheld ainda publicou outros artigos, usando o nome de gestão da lealdade, até finalmente lançar as obras que seriam as pedras fundamentais para o campo da gestão da experiência: uma sobre o conceito do Net Promoter Score (2003), e outra sobre como reestabelecer a organização ao redor do conceito de experiência (2006). Algumas das proposições de Reichheld não resistiram ao escrutínio do tempo e da academia (Morgan & Rego, 2006), mas é seguro dizer que não estaríamos aqui se não fosse por ele.

FIGURA: **A "genealogia" de CXM**

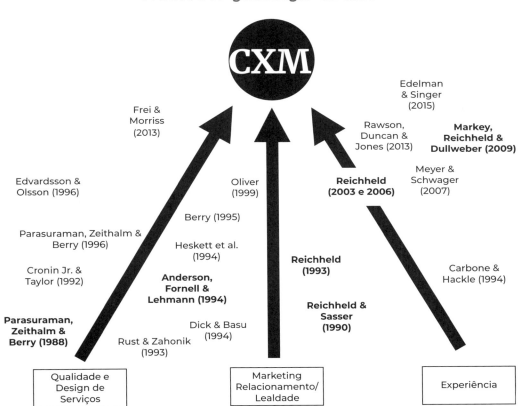

Fonte: Análise da literatura feita pelo autor[8].

---

8 Numa nota pessoal, tive a sorte de ser aluno do prof. Czepiel no MBA que fiz na New York University. As aulas foram decisivas para as decisões que depois tomei na vida, tais como me tornar consultor e professor.

GESTÃO DA EXPERIÊNCIA DO CLIENTE (CXM) E CUSTOMER SUCCESS (CS) SÃO O MESMO CONCEITO? CONCEITOS ANTAGÔNICOS?

Ambos são conceitos complementares, que têm uma base comum e algumas diferenças de lógica. O CXM, como veremos no próximo capítulo, foca na relação entre organização e clientes. A hipótese implícita desenhada por Reichheld e Sasser, em 1990, é:

(Experiência)[9] → Satisfação → Retenção → *Cross-sell e upsell*, Prêmio de preço, Indicações, Diminuição de custo operacional → *Customer Lifetime Value* (CLV ou CLTV)

É interessante notar que o grande fator de alavancagem do valor do cliente é o tempo de fidelidade e experiência. Quanto mais "antigo" o "contrato", maior o valor do cliente usando as alavancas de *cross-sell e upsell*, prêmio de preço, indicações, diminuição de custo operacional (Reichheld & Sasser, 1990).

Já o conceito de *Customer Success* tem um passado mais recente e, embora não fique claro quem o inventou (alguns atribuem à SalesForce), está intimamente ligado ao aparecimento do modelo de "software as a service" (SaaS) na década de 2010 (Steinman et al., 2017). O modelo SaaS é muito mais alavancado no "verdadeiro" uso do software. Reza a lenda que as organizações que partiram para o modelo perceberam que estavam conquistando muitos clientes *novos,* mas perdendo vários clientes *existentes* [é um problema antigo de marketing, chamado de

---

9 *Implícito no modelo de Reichheld e Sasser (1990).*

Leaky Bucket, ou balde furado: de nada adianta encher, pois perde-se a maioria do conteúdo através dos furos (Zeithaml et al., 2014)]. Ao estudar o problema, chegou-se à conclusão de que a utilização das características (*features*) do software era baixa e os clientes não conseguiam tirar o máximo proveito ou não tinham *sucesso*. A hipótese implícita da metodologia é:

Potencial do Software → Sucesso no uso → Satisfação → Retenção → Customer Lifetime Value (CLV)

Os conceitos de CX e CS são complementares, embora a hipótese de causa e efeito (Sucesso vs. Experiência) seja bem diferente. Tipicamente o CS é mais usado em organizações de software, enquanto o CXM é utilizado em organizações de serviço. As "soluções" para os problemas de CS costumam estar mais focadas na realidade do software: problemas de *onboarding* (familiarização) com a plataforma, questões de suporte técnico e montagem de uma base de usuários para que a comunidade possa aumentar o sucesso do uso. Ademais, os dois conceitos têm vários pontos e soluções em comum. É possível que, no futuro, com a transformação digital, haja uma fusão dos dois conceitos. Outro ponto interessante é que algumas empresas de software estão partindo para a gestão conjunta de CX e CS. A hipótese é que a experiência acaba influenciando o sucesso ou, em outras palavras, a experiência estaria no nível individual e o sucesso, no nível corporativo. Será interessante acompanhar se esta integração será frutífera[10].

---

10 *Agradeço à Daniela Pereira por este insight.*

TABELA: **Diferenças conceituais entre CXM e CS**

	EXPERIÊNCIA DO CLIENTE	*CUSTOMER SUCCESS*
Objetivo base	Promover a melhor experiência possível.	Assegurar que o cliente atinja seus objetivos ou desejos ao usar o produto e serviço.
Objetivo final	Melhorar o CLV.	Melhorar o CLV.
Problema a ser resolvido	O veículo da perda de clientes é o acúmulo de experiências ruins, o que pode acontecer em diferentes pontos de contato da jornada.	O veículo da perda de clientes é o fato de o cliente não atingir os objetivos com o produto ou serviço, na maioria dos casos está ligado ao não saber maximizar o uso do produto ou serviço.
Ferramentas básicas	*Design Thinking*, Mapeamento da Jornada, Resolução de Problemas, CRM.	Gestão de contas, CRM, Comunidades de clientes, *Quarterly Business Reviews*, Gamificação.
KPIs básicos	Satisfação, retenção, cross-sell e upsell, prêmio de preço e CLV.	Satisfação, retenção, receita de clientes atuais.
Base conceitual	Academia e prática.	Prática.
Popular em	Serviços em geral, outros setores. Mais B2C.	Organizações de software, especialmente SaaS, B2B e B2C.

Fonte: Adaptado de Franz (2018), Verkoef et al (2009), Zolkiewiski et al. (2017).

CASO BRASILEIRO:
A TRANSFORMAÇÃO EM UMA ORGANIZAÇÃO ORIENTADA AO CLIENTE: VOTORANTIM CIMENTOS[11]

O caso da Votorantim Cimentos é um dos mais interessantes do ambiente de negócios brasileiro nos últimos anos, especialmente porque é um dos mais surpreendentes.

A Votorantim Cimentos (VC) é uma organização quase centenária com a dominância do setor no Brasil. Também se tornou uma multinacional brasileira, com operações internacionais na América do Norte e do Sul, Europa, Ásia e África.

Tipicamente, uma cimenteira é uma organização focada em *commodities*. Assume-se que os preços são dados pelo mercado e geralmente é uma organização com foco em excelência operacional (Kaplan & Norton, 2000) com processos contínuos, ganho de escala através de grandes volumes, importância da área de fabricação e de logística.

A transformação da VC começa em 2015, através da execução de um planejamento estratégico. Reconhecendo a tendência de organizações cada vez mais centradas no cliente e da criação de valor através da experiência do cliente, a VC decide se tornar uma organização voltada para o cliente.

---

11 *Desenvolvido a partir da análise do autor, com base em sua experiência como consumidor, além das fontes citadas. Não necessariamente transmite as decisões das organizações citadas.*

Na página da organização, estão algumas palavras que denotam a transformação, através de uma nova missão:

"Ser a organização de materiais de construção comprometida com o *sucesso do cliente* (grifo nosso) por meio de excelência.*"

Nestes anos todos, a organização executa uma série de transformações profundas em seu modelo de negócio:

- Foi uma das primeiras organizações a ter um CCO, ou *Chief Client Officer*.

- Reviu seus pilares estratégicos, sendo foco no cliente um dos quatro pilares.

- Remodelou totalmente a linha de produtos, com foco em novos segmentos e valor agregado.

- Focou na entrega de soluções e não apenas de produtos comoditizados.

- Formou um programa de fidelidade para clientes, em colaboração com a Gerdau e a Tigre, num raro exemplo de aplicação de estratégias cooperativas (Brandenburger & Nalebuff, 2011).

- Montou o Votorantim.hub, para investir em *startups* que podem trazer inovações para o negócio também promover inovação aberta.

- Melhoria da experiência e transformação do negócio através da tecnologia e da transformação digital.

- Utilizou o *Net Promoter Score*, que saltou de 39% para 51% entre 2016 e 2017.

Mesmo com a situação difícil para a indústria da construção no Brasil desde 2015, a VC registrou um aumento de EBITDA de mais de 50% entre 2017 e 2018.

FONTES:

https://epocanegocios.globo.com/Organização/noticia/2019/05/votorantim-cimentos-busca-startups-de-meios-de-pagamentos.html

https://exame.abril.com.br/negocios/na-nova-votorantim-o-cimento-fica-mais-de-lado/

*http://www.mzweb.com.br/votorantimcimentos/web/conteudo_pt.asp?idioma=0&conta=28&tipo=46488

https://www.votorantimcimentos.com.br/noticia/solidez-flexivel-a-nossa-jornada-de-transformacao/

https://cio.com.br/foco-no-cliente-e-eficiencia-transformam-votorantim-cimentos/

http://www.votorantimcimentos.com/pt-BR/company/Paginas/our-vision.aspx

https://www.votorantimcimentos.com.br/wp-content/uploads/2017/08/relatorio-integrado-2017-completo-min.pdf

https://www.votorantimcimentos.com.br/download/br/integrated-report.pdf

CASO[12]: UMA ESTRATÉGIA CENTRADA NA
EXPERIÊNCIA DO CLIENTE:
AMAZON

A Amazon dispensa comentários. Uma gigante do comércio eletrônico e uma das organizações mais valiosas do mundo ao final da década de 2010, com Jeff Bezos disputando nariz a nariz a posição de homem mais rico do mundo com Bill Gates.

Obviamente não podemos deixar de admirar a maneira como a Amazon mudou radicalmente o conceito de varejo e como deve continuar a fazê-lo nos próximos anos. Entretanto, o que poucos percebem é que, fundamental à estratégia da Amazon, está a busca de uma experiência sem atrito[13] para o cliente e que forneça desincentivos para que o cliente faça negócios em outros lugares.

A figura ao final do caso apresenta alguns dos passos que a Amazon tomou para tornar sua experiência cada fez mais impecável e sem esforço. Note-se que a evolução da experiência é constante, com pequenos passos sendo adotados continuamente ao longo de vários anos. É quase como se, a cada ano, Bezos escolhesse nas reclamações dos clientes o item que causa mais dor na jornada e montasse uma força tarefa para resolvê-lo.

---

12 *Desenvolvido a partir da análise do autor, com base em sua experiência como consumidor, além das fontes citadas. Não necessariamente transmite as decisões das organizações citadas.*

13 *Um dos jargões de CX. Uma experiência conveniente, sem custos, especialmente emocionais, para o cliente. Uma experiência fácil.*

A grande verdade é que, através da junção de vários itens, pedir um simples sabão em pó se torna um ato sem esforço. Se o cliente tiver uma **assinatura** do Amazon Prime (qualquer entrega em até dois dias, de graça), houver comprado uma Alexa (assistente de voz da Amazon) e tiver se inscrito no programa Amazon Key (recebe uma fechadura e câmera que permite que o cliente abra a porta de sua casa através do aplicativo, para que a entrega seja deixada em segurança), tudo que ele deve fazer é gritar:

"Alexa, comprar duas caixas de sabão em pó."

Se morar em grandes centros, o sabão em pó deve se encontrar na sala de estar do cliente em menos de 24 horas. Sem dor, sem atrito.

FIGURA: **Evolução da experiência de comprar na Amazon**

E-commerce (1994)
Solução para devolução de itens de e-commerce (1996)
Comprar com 1 clique (1999)
Motor de Recomendação (*Also Bought*) (2000)

Amazon Prime (2006)

Amazon Locker (2012)
Amazon Dash (2014)
Amazon Alexa (2015)
Amazon Key (2017)
Amazon Go (2018)
Amazon Drones (2019)

Fonte: Análise do autor a partir de dados das diversas fontes abaixo citadas.

FONTES:

https://www.techinasia.com/amazons-oneclick-purchase-feature-order-changed--game

https://rachelmcwrites.com/the-importance-of-amazon-also-boughts

https://www.tomsguide.com/us/what-is-amazon-prime,news-18041.html

https://www.forbes.com/sites/andriacheng/2019/06/26/amazon-gos-even-bigger-rollout-is-not-a-matter-of-if-but-when/#424ec1636f52

https://media.thinknum.com/articles/amazon-is-on-a-hiring-spree-for-prime-air/

https://www.cnet.com/news/amazon-opens-up-key-with-in-garage-delivery-new--schlage-lock-and-key-for-business/

https://edition.cnn.com/2018/10/16/tech/alexa-child-development/index.html

CAPÍTULO 2

Entendendo as alavancas de valor de CX e CS

Uma parte fundamental da gestão da experiência do cliente é entender a lógica que permeia todo o conceito. É preciso salientar um ponto em comum entre CX e CS: a retenção de clientes, às vezes chamada de lealdade ou de fidelização dos clientes. Tanto CX como CS concordam que a retenção cria valor. Colocado de outra forma:

> **"Em geral, as organizações concentram desproporcionalmente muitos esforços na conquista de clientes novos, e poucos na manutenção de clientes existentes."**

Essa é a fonte de valor central tanto de CXM como de CS. Entretanto, as hipóteses dos fatores que alavancam esta fonte de valor são diferentes para CXM e CS, como veremos mais à frente.

AS ALAVANCAS E A LÓGICA ECONÔMICA DE CXM

Para CXM, as grandes alavancas são experiência, fidelização e tempo. Quanto mais o cliente fica na "casa", mais valor ele acumula ao longo do tempo. Reichheld e Sasser demonstram isso em seu artigo citando exemplo nos setores de cartão de crédito, lavanderias, distribuição e serviços automotivos, cuja lógica genérica é reproduzida na seguinte figura:

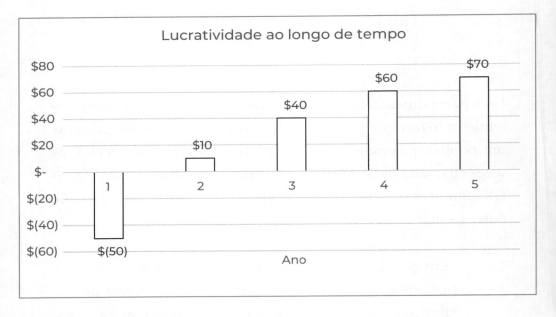

Fonte: Adaptado de Reichheld & Sasser (1990).

Alguns conceitos importantes estão acima expressos. Primeiro, o custo do cliente no começo de seu relacionamento com uma organização pode ser negativo, dependendo de seus custos de aquisição (CAC ou custo de aquisição do cliente, ou *Customer Acquisition Cost*). Segundo, a noção de que se a experiência é boa e o cliente prossegue no relacionamento, em condições normais, seu valor anual para a organização tende a aumentar.

O importante é que o CAC seja recuperado por valores positivos (margem) nos próximos anos (que, na média, CAC < CLV).

Reichheld e Sasser ainda nos apresentam as alavancas que fazem com que o valor anual do cliente provavelmente aumente com o passar dos anos.

FIGURA: **Alavancas de Valor de CXM**

Fonte: Adaptado de Reichheld & Sasser (1990).

Satisfação e retenção: O argumento central de CXM, que está lastreado em ampla literatura de marketing e lealdade (Anderson et al, 2004; Gupta & Zeithaml, 2006), é o de que a satisfação vai aumentar a fidelidade (retenção). Neste sentido, medimos a satisfação, pois ela é um indicador de tendência da retenção ou fidelidade, ou seja, pode antecipar o comportamento futuro do cliente e as organizações podem agir para combater a perda de clientes (por vezes referida pelo termo em inglês, *churn*). Kriss (2014) aponta que, para empresas cujo modelo de receita se baseia em assinaturas, uma boa experiência pode sextuplicar o número de anos que um cliente decide renovar o serviço.

Fonte: Adaptado de Kriss (2014)[1].

Retenção e *cross-sell e upsell*: A primeira alavanca do valor futuro do cliente é a de aumentar o *cross-sell* e *upsell*. Quanto mais tempo o cliente tem de relacionamento, provavelmente mais produtos este cliente vai adquirir de outras linhas e maior a propensão de migrar para produtos de maior valor. Esta lógica está baseada no conceito de custo de transação (North, 1987). É custoso transacionar com um provedor. Quanto mais provedores o cliente possui, mais custosa é sua gestão. Se a confiança aumenta através do relacionamento, maiores as chances de se

---

1 Não fica clara qual a definição de Customer Experience Score usada pelo autor.

comprar mais do mesmo provedor, evitando os custos de mudança (Yang & Peterson, 2004). Curiosamente, a maioria das organizações tem grande dificuldade de executar eficazmente o *cross-sell* (Güneş et al., 2010; Shah & Kumar, 2012). Fornell, Rust & Dekimp (2010) demonstram que existe relação entre a satisfação do cliente e o crescimento dos negócios com este mesmo cliente.

Retenção e indicação: Quanto mais longínqua é a relação com o cliente, maior (teoricamente) é a chance deste cliente indicar a organização para outro potencial consumidor, a custo quase que desprezível. Existe uma boa literatura sobre a indicação (Buttle, 1998) e houve crescente interesse depois do fenômeno das redes digitais e sociais (Kozinets et al., 2010). Entretanto, algumas ressalvas. Medir a indicação é notadamente difícil. Nem sempre se pode confiar na acurácia do dado "quem te indicou?" Em primeiro lugar, porque, no mundo físico, coletar este dado pode ser desafiador (Helm, 2003). Em segundo lugar, a indicação exige cálculos com fórmulas um pouco mais complexas, pois é necessário calcular o valor do cliente atual e o valor futuro de sua indicação (Kumar et al., 2007). Em terceiro, a relação entre indicação e lucratividade pode não ser direta. Kumar e colaboradores (2007) acham uma relação não linear entre a satisfação e o valor das indicações conforme tabela a seguir.

TABELA: **Customer Lifetime Value médio de cada decil[2], incluindo indicações, Setor de Telecomunicações**

DECIL	CUSTOMER LIFETIME VALUE (CLV) SEM INDICAÇÕES	VALOR DAS INDICAÇÕES	TOTAL CLV	RANKING DOS DECIS, COM AS INDICAÇÕES
1	$1,933	$40	$1,973	1º
2	$1,067	$52	$1,119	4º
3	$633	$90	$723	7º
4	$360	$750	$1,110	5º
5	$313	$930	$1,243	2º
6	$230	$1,020	$1,250	3º
7	$190	$870	$1,060	6º
8	$160	$96	$256	8º
9	$137	$65	$202	9º
10	$120	$48	$168	10º

Fonte: Adaptado de Kumar et al. (2007).

Prêmio de preço: O prêmio de preço é o valor a mais que clientes com boa experiência, ou clientes com bom relacionamento, aceitam pagar. Algumas hipóteses ajudam a entender este fenômeno:

- Os clientes aceitam pagar mais em função do custo de mudança.
- Os clientes aceitam pagar mais porque experiências boas são raras.

---

2 *Um decil é uma partição que corresponde a 10% de uma população. A décima parte.*

Pesquisas têm demonstrado que, pelo menos em resposta espontânea, os clientes aceitam pagar a mais por boas experiências. Extrair uma vantagem de preço de 5%-15%, como mostra a tabela abaixo, é o sonho de qualquer profissional de marketing.

TABELA: **O quanto você pagaria (a mais) se a organização oferecesse uma excelente experiência?**

PRODUTO	PRÊMIO DE PREÇO
Café	16%
Hotel	14%
Checkup	14%
Ingresso	13%
Jantar	12%

PRODUTO	PRÊMIO DE PREÇO
Passagem aérea	10%
TV a cabo	9%
Plano celular	8%
Seguro automóvel	7%
Casaco de inverno	7%

Fonte: Adaptado de Experience is everything: Here's how to get it right (Clarke & Kinghorn, 2018).

Diminuição de custos operacionais: Talvez a proposição mais contraintuitiva de Reichheld e Sasser seja a de que com maior "tempo de casa", tenda a cair o custo de servir um cliente. As hipóteses de causa para este fenômeno podem ser:

- **Familiaridade do cliente com o processo do provedor.** Com o passar do tempo, o cliente começa a conhecer o que será exigido dele para que a prestação de serviço seja bem-sucedida e o custo de operação tenda a cair. O provedor de serviços pode acelerar esta queda do custo de servir através do "treinamento" do cliente (Frei & Morriss, 2013).

- **Familiaridade do provedor com o cliente.** Ao amadurecer a relação, diversos fatores podem contribuir para diminuir o custo de servir o cliente, baseados no maior conhecimento sobre ele: melhor segmentação, melhoria do entendimento das necessidades e melhoria no entendimento das peculiaridades de atender determinado cliente, especialmente em relações *business-to-business* (B2B) (Salvador et al., 2001).

CUSTOMER LIFETIME VALUE OU CLV

O *Customer Lifetime Value* (CLV ou CLTV) é uma medida preditiva do potencial de lucro ou da margem operacional de um determinado cliente ou grupo de clientes. Teoricamente, ao olhar para o cliente como o conjunto de fluxo de caixas futuros, o executivo pode tomar melhores decisões em relação a este cliente. É difícil determinar quem cunhou o termo, mas uma das primeiras citações é o artigo de Dwyer (1989).

O CLV se torna uma medida-chave para o CXM, uma vez que, ao aumentar a retenção, e, mais importante, ao aumentar o tempo de relacionamento com o cliente, considera-se natural aumentar o valor presente do cliente. Existem várias fórmulas possíveis para o cálculo do CLV. Apresentamos aqui uma das mais simples[3], embora não seja a única[4,5]:

$$\text{Valor ao longo da vida de um cliente} = \left[\text{# anos atividade do cliente} \times \text{Contribuição anual do cliente}\right] / \text{Descontado a valor presente} + \text{Valor da indicação}$$

$$\text{Valor da indicação} = \left[\text{% clientes indicados entre os novos} \times \text{# clientes novos} \times \text{Valor ao longo da vida de um cliente}\right] / \text{# indicações feitas}$$

Nota: O cálculo do valor da indicação evita o cálculo de indicações subsequentes à primeira indicação para evitar "circularidade infinita".

O CLV é a soma, em valor presente, da margem deste cliente pelo tempo de relacionamento que ele mantém, em média, mais o valor das indicações feitas por este cliente. Para evitar um *looping* infinito, em geral simplifica-se calculando apenas o valor da indicação direta deste cliente, e não o valor das indicações destes clientes e subsequentes indicações. O CLV é usado, por exemplo, para calcular o retorno de peças de publicidade e o retorno de custos de aquisição do cliente.

Uma das maiores contribuições de CXM é a de trazer à tona a discussão da comparação dos esforços para trazer novos clientes vs. esforços para manter os clientes atuais. Grosso modo,

---

3 *Adaptada de http://www.netpromotersystem.com/resources/toolkit/customer-lifetime-value.aspx*

4 *Por exemplo, veja Helm (2003) ou Kumar et al. (2007).*

5 *Alguns autores separam o Conceito de CLV do de LTV (Lifetime Value) (Karnes, 2018). Para simplificação, não usaremos esta classificação.*

se considerado o CLV, pequenos esforços na manutenção dos clientes podem trazer resultados fabulosos. A tabela a seguir demonstra que, segundo as simulações de Reichheld & Sasser (1990), uma redução de 5% na perda de clientes (*churn*) tem o potencial de aumentar a lucratividade das organizações entre 25% e 85%.

TABELA: **Aumento da lucratividade face a uma diminuição de 5% de *churn***

SETOR	AUMENTO DE LUCRATIVIDADE	SETOR	AUMENTO DE LUCRATIVIDADE
Banco comercial	85%	Gestão de edifícios e condomínios	40%
Cartão de crédito	75%	Software	35%
Corretagem de seguro	50%	Serviços automotivos	30%
Distribuição industrial	45%	Seguros de crédito	25%
Lavanderia industrial	45%		

Fonte: Adaptado de Reichheld & Sasser (1990).

Recentemente, Kriss (2014) fez uma mensuração semelhante. Segundo o autor, para empresas transacionais, um bom *score* de experiência pode aumentar em mais de 100% o crescimento de receitas se comparado com clientes que têm score ruim (1-3).

FIGURA: **Aumento de receitas vs. experiência**

Fonte: Adaptado de Kriss (2014)

Mesmo conhecendo as alavancas de valor, implementar o CXM dá trabalho. Há uma ampla literatura que informa que a implementação de transformações organizacionais é particularmente difícil (Sull et al., 2015). A prática também mostra que a implementação de CXM tem sido desafiadora para a maioria das organizações. Uma pesquisa do Instituto de Pesquisa e *player* no mercado de CXM Kantar TNS[6], em 2019, demonstra que, enquanto 91% dos CEOs de bancos colocam CXM como prioridade, apenas 29% dos clientes acham que as experiências são verdadeiramente centradas no cliente. A melhor hipótese para explicar a disparidade parece ser que a implementação de CXM é, no mínimo, difícil.

---

6 https://www.exchange4media.com/advertising-news/just-29-of-consumers-believe-banks--offer-customer-centric-experiences-kantar-98034.html

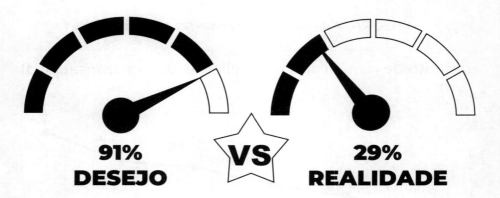

Neste sentido, os próximos capítulos deste livro são organizados de maneira a estabelecer os componentes mais importantes para que se implemente eficazmente um "programa" de CXM. Estes blocos resultam de uma revisão detalhada da literatura acadêmica, da prática de CXM e da experiência de 20 anos de consultoria deste autor.

O **capítulo 3** fala da necessidade de estabelecer uma estratégia e visão de CXM, assim como das melhores práticas de implementação de programas de transformação.

O **capítulo 4** trata da análise da jornada atual e da projeção da jornada ideal (futura).

O **capítulo 5** contempla e esmiúça as fontes de informação e mensuração que podem ser usadas para o CXM.

O **capítulo 6** trata da necessidade de se estabelecer um sistema para resolver os problemas que fatalmente ocorrerão quando os clientes percorrerem as diversas jornadas da organização.

O **capítulo 7** trata da importância das pessoas na sustentação dos programas de CXM e fala do *Employee Experience (EX)*, ou do uso das ferramentas de CXM para melhorar as jornadas internas das organizações.

O **capítulo 8** traz considerações sobre o suporte analítico necessário para a tomada da decisão em CXM e de algumas tendências de futuro da tecnologia na Gestão da Experiência.

FIGURA – **O esquema deste livro; os componentes de CXM**

Fonte: Análise do autor baseada em Bain (2011), Damais & Saint (2016a), Edelman & Singer (2015), Kaplan & Norton (2000), Kuehnl et al. (2019), Reichheld & Markey (2011).

CUSTOMER EXPERIENCE MANAGEMENT ————————————————

CASO: USANDO AS ALAVANCAS DE CX:
O CASO ZAPPOS[7]

Você já ouviu falar na Zappos? A Zappos é uma organização de comércio eletrônico de sapatos e roupas que foi adquirida em 2009 pela Amazon, pela quantia de US$1,2 bilhões. O que teria levado a gigante do comércio eletrônico a desembolsar uma quantia tão grande?

A Zappos é a segunda *startup* vendida por Tony Hsieh. Em 1998, ele vendeu a LinkExchange para a Microsoft por US$265 milhões. Embora não tenha sido o fundador da Zappos, Hsieh ocupa a posição de CEO da empresa há pelo menos 15 anos.

Sob Hsieh, a Zappos montou um modelo de negócios totalmente voltado a aproveitar as alavancas de valor de CXM. O foco é na retenção, mas abundam elementos de indicação, *upsell* e *cross-sell*. Algumas das características que fazem da Zappos um local único:

- Um modelo de negócios que foca, especialmente, na **satisfação dos clientes.** As clientes pedem uma série de modelos com uma série de tamanhos, para poderem experimentar os sapatos no conforto de sua casa e fazer a escolha correta. Tanto o frete de ida como o de volta são cortesia da organização. Um detalhe: a organização aceita devoluções com prazos muito maiores que o da média do mercado **(capítulo 3).**

---

7 *Desenvolvido a partir da análise do autor, com base em sua experiência como consumidor, além das fontes citadas. Não necessariamente transmite as decisões das organizações citadas.*

- Como uma organização dessas pode dar lucro? Com foco na **retenção.** A retenção de clientes na Zappos é de 75%. É uma taxa múltiplas vezes maior do que a da maioria das organizações de comércio eletrônico **(capítulo 5).**

- Os clientes que voltam a comprar com a organização têm uma média de compra 40% maior que os clientes de primeira viagem (*upsell e cross-sell*).

- Além do modelo de negócio para garantir a taxa de retenção, a Zappos foca no atendimento e na experiência para garantir tamanho retorno de clientes. Uma das regras mais interessantes é que uma chamada de atendimento não tem incentivos para ser curta. Ao contrário, fazer o cliente feliz é o mote: "entregar felicidade" **(capítulo 4).**

- A Zappos detém o recorde de duração de chamada para o *contact center*, uma chamada que durou mais de 10 horas.

- Os atendentes e vendedores também são incentivados a atender outros pedidos dos clientes, mesmo os que não estão ligados ao negócio principal. Uma anedota que virou cânone na organização é o caso de uma atendente que, ao ouvir que a cliente tinha de desligar para pedir uma pizza, fez ela mesma o pedido de comida para que a cliente continuasse a comprar seus sapatos **(capítulo 7).**

- De tal modo, se a Zappos não tem o modelo de sapato desejado, o atendente vai ajudar o cliente a achar o modelo em outro revendedor.

- A Zappos reconhece a importância das **competências e do engajamento (veja capítulo 6)** para o sucesso da experiência do cliente. O processo de contratação é longo e baseado na convivência com os candidatos. Em determinado momento do processo, os candidatos recebem uma oferta em dinheiro para que deixem o processo. Esta "oferta" tem por intenção separar os colaboradores que realmente já se sentem engajados com a organização de outros que poderiam ter uma propensão de sair.

- A Zappos foi eleita entre as 30 melhores organizações para trabalhar em 2009, 2010, 2011 e 2012 **(capítulo 7)**.

FONTES:

https://www.inc.com/magazine/20060901/hidi-hsieh.html

https://www.forbes.com/sites/danpontefract/2015/05/11/what-is-happening-at-zappos/#15e045fe4ed8

https://www.marketwatch.com/story/amazon-buys-retailer-zappos-in-807-million--deal

https://money.cnn.com/magazines/fortune/best-companies/2012/snapshots/11.html

https://rachelmcwrites.com/the-importance-of-amazon-also-boughts

Hsieh, T. *Satisfação garantida*. Rio de Janeiro: HarperCollins Brasil, 2019.

CAPÍTULO 3

Planejando o "programa de CX" e estabelecendo uma visão de CX

Como já comentado, pode ser difícil implementar as mudanças necessárias para um programa exitoso de CXM. Aliás, é difícil implementar mudanças. Ponto. A maioria dos estudos de implementação de mudanças nas organizações apresenta taxas de insucesso em um intervalo aproximado de 35% a 70%.

CUSTOMER EXPERIENCE MANAGEMENT

TABELA: **Taxas de insucesso de implementação: estudos selecionados**

OBRAS	TAXA DE INSUCESSO EM IMPLEMENTAÇÃO
Ewenstein et al. (2015)	70%
Sull et al. (2015)	66% a 75%
Mankins & Steele (2005)	35%
Bossidy et al. (2011)	90%
Candido & Santos (2015)	30% a 70%

Fonte: Seleção do autor.

Contudo, quais as causas de insucesso de programas de mudança? A literatura aponta para algumas, sendo que a maioria delas pode ser contemplada na tabela que aparece em clássico artigo (Mankins & Steele, 2005) que versa sobre as dificuldades de implementação:

QUADRO: **Por que a implementação falha**

Recursos não disponíveis ou inadequados
Estratégia não comunicada
Ações não claramente definidas
Responsabilidades não claras
Barreiras entre áreas
Monitoramento do desempenho inadequado
Sistemas de incentivos inadequados
Liderança despreparada
Liderança descomprometida
Estratégia ou visão ruim

Fonte: Adaptado de Mankins & Steele (2005).

Desde a década de 1990, diversas obras tentam solucionar essas dificuldades de implementação. Baseada nelas, a tabela a seguir propõe alguns princípios gerais que podem ser utilizados para que a implementação de um programa de CXM seja mais bem-sucedida. Ao longo do capítulo, cada um destes pontos será esmiuçado.

TABELA: **Princípios para a boa implementação que a organização deve ter em mente**

PRINCÍPIO	COMENTÁRIO
Programas de transformação funcionam melhor com alguma forma de gestão de programa. Colocar uma visão de futuro é importante para implementação.	A gestão da implementação é crucial para seu sucesso. O estabelecimento de uma visão de longo prazo também.
Participação da liderança é essencial para implementação.	Os líderes atuam com vários papéis na implementação e são os modelos de comportamento em qualquer implementação.
Transformar o programa para uma "linguagem operacional", através de indicadores, metas e projetos ajuda a implementação.	Os colaboradores conseguem entender melhor a transformação e o senso de urgência quando a transformação é traduzida em forma de indicadores, metas e projetos.
Alinhar a organização para que outros projetos de transformação não se "choquem" com o programa de CXM.	Muitos projetos excludentes tendem a existir em uma organização. Alinhar estas várias iniciativas e esforços em geral é muito importante para a implementação.
Na implementação, a comunicação deve ser constante, profissional e inspiradora.	Fazer com que a mudança esteja no "coração e mente" de todos, de maneira constante.

(continua)

(continuação)

PRINCÍPIO	COMENTÁRIO
O processo de mudança deve ser contínuo (em oposição a ser intermitente).	Tanto o processo de gestão da mudança quanto o processo de monitoramento da mudança devem ser constantes e alinhados aos outros processos existentes na organização.

Fonte: Adaptado de Caldeira & Kallás (2019), com elementos de Kaplan & Norton (2000), Kotter (1995), Bossidy et al. (2011) e Lefort et al. (2015).

PRIMEIRO PRINCÍPIO: GESTÃO DA MUDANÇA E VISÃO DO PROGRAMA DE CXM

Um dos pontos mais citados sobre o sucesso de implementação de um programa de mudanças, tais como um programa de CXM, é a necessidade de gestão desta mudança (Lefort et al., 2015). Embora muitas organizações desejem fazer processos de mudança cada vez mais participativos, existem certas decisões que são tipicamente melhor tomadas quanto existem responsáveis pelo programa de mudança (Kotter, 1995).

Uma destas decisões, problema clássico de programas de mudanças, é sobre a necessidade de recursos (Mankins & Steele, 2005). É muito mais difícil para uma gestão descentralizada de um programa de mudanças conseguir competir pelos recursos da organização, que muitas vezes irão para atividades de curto prazo, e não para as atividades necessárias de suporte à mudança (Burgelman, 1983a). Por isso mesmo, é essencial convencer o alto escalão da organização acerca dos benefícios de um programa de CXM. Dado que as alavancas de CXM são bem estabelecidas, é possível calcular o retorno (por vezes chamado de ROX ou *Return on Experience* ou retorno sobre experiência) de um programa de transformação de CXM. Se a organização puder estimar o quanto vai melhorar de satisfação e o quanto isso significa em termos de CLV, é possível calcular o retorno esperado. Compare isso com os custos do programa e, *voilá*, temos o cálculo do ROX (Damais, 2019).

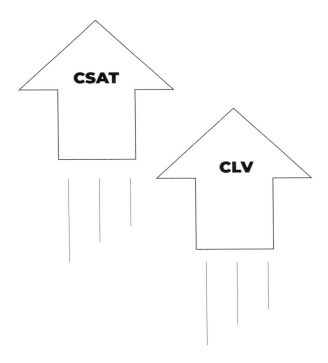

Outro assunto que acaba nos levando a mais uma justificativa para termos tomada de decisão centralizada em um programa de CXM é a necessidade de um sistema de CRM (*Customer Relationship Management*). Um repositório semelhante para que os dados dos clientes possam ser acessados, analisados e a "mágica" do CXM possa ocorrer. Decisões de investimentos em CRM são mais fáceis de serem aprovadas se justificadas através do ROX.

Uma visão de futuro de CX e do programa de CXM também tende a aumentar o sucesso de uma implementação de mudança (Kotter, 1995). Duas características são muito importantes para a implementação: a primeira, o senso de urgência, ou o "tamanho do problema". Problemas maiores e mais desafiadores estão ligados a melhores processos de planejamento e implementação (Collins & Porras, 1996). Duhigg (2012) apresenta evidências de que "crises" são um dos principais catalisadores para mudanças organizacionais, e que bons CEOs são habilidosos em colocar "crises" ou desafios no tamanho certo para suas equipes. A segunda característica é que grandes mudanças se alavancam em pequenos passos, consistência e velocidade constante (Collins & Hansen, 2011). Estas decisões sobre os pequenos passos (intermediários) de uma implementação são mais facilmente tomadas de maneira centralizada a partir da visão de futuro. Uma visão de futuro tende a ser um catalisador para a mudança de hábitos pessoais, mas também de rotinas organizacionais (Duhigg, 2012). A substituição de rotinas organizacionais existentes para rotinas organizacionais mais centradas no cliente é um fator preponderante para o sucesso de CXM.

Um cuidado especial deve ser observado no estabelecimento de uma visão de futuro de CXM. Afinal, que tipo de experiência a organização oferecerá daqui a cinco anos? Como discutido anteriormente, é necessário que haja um alinhamento entre a experiência da marca e a experiência do cliente. Uma das maiores causas de insucesso na percepção de experiência de entrega é a existência de uma lacuna entre o que foi prometido ao cliente e o que de fato foi entregue, conhecido como Lacuna 4 ou lacuna de comunicação do modelo SERVQUAL (Parasuraman et al., 1988).

Outro ponto importante a se considerar é sobre que tipo de experiência, entre as experiências possíveis, a visão de futuro se baseia. Simplificando as possibilidades, de um lado temos aquelas experiências inesquecíveis e mágicas (Thomke, 2019), de outro temos as experiências sem atrito, sem esforço (Brynjolfsson & Smith, 2000; Dixon et al., 2013). É difícil conceber que uma mesma visão de futuro consiga, de maneira eficaz, oferecer os dois tipos de experiência.

Posto isso, existe atualmente uma tentativa de organizações menos hierárquicas onde a decisão é mais descentralizada (Xu & Liu, 2013). Recentemente em um projeto de pesquisa sobre melhores práticas de implementação estratégica de organizações operando no Brasil[1], surgiu uma interessante tendência: a de não ter uma área responsável pela gestão de um programa, mas um comitê, formado por representantes de diversas áreas envolvidas na mudança. É semelhante ao clássico *steering committee*, mas com uma mudança de *mindset*. A tentativa desta forma de organizar o programa é que as decisões que precisem de um colegiado sênior sejam centralizadamente tomadas, enquanto a implementação ocorra da maneira mais descentralizada possível.

---

1 Projeto realizado em conjunto com os pesquisadores David Kallás e Fabiana C. Bortoleto (2019).

SEGUNDO PRINCÍPIO: A LIDERANÇA É FUNDAMENTAL

Uma boa parte da literatura de implementação coloca o papel da liderança como fundamental para o sucesso (Bossidy et al., 2011; Kallás & Caldeira, 2019; Kaplan & Norton, 2000).

Os líderes serão os modelos de comportamento da mudança. Uma das considerações fundamentais é que o projeto de mudança trata de alteração de comportamentos e hábitos, muitas vezes chamados também de cultura ou *mindset*[2]. Parece ser uma grande verdade que a maioria das pessoas aprenda por meio de exemplos. É muito difícil cobrar uma mudança da equipe se o líder ainda mantém os mesmos hábitos que não são mais desejados (Taylor, 2005).

Os líderes serão essenciais no processo de desdobramento da implementação. Enquanto se espera que uma parte dos estímulos para a mudança de comportamento dos liderados venha de programas corporativos (por exemplo, comunicação da estratégia), fazer esta mudança comportamental sem o apoio dos líderes, que atuam como reforço para estas mudanças (Higgs & Rowland, 2000), é muito desafiador. Os líderes são importantes na questão do engajamento e da apropriação da mudança por parte de todos os colaboradores.

De maneira semelhante ao ponto anterior, os líderes funcionam como guardiões do processo de monitoramento da estra-

---

2 Embora a academia tenha definições diferentes para estes construtos, podemos dizer que, na literatura de implementação, eles são tratados de forma semelhante.

tégia que discutiremos a seguir (Kaplan & Norton, 2000). Sem o encadeamento de outros processos operacionais ao processo de implementação, as barreiras à implementação crescem.

Finalmente, os líderes têm papel fundamental no processo de comunicação da implementação. Lidar com a mudança e explicá-la para quem não tem todos os elementos é desafiador. Os líderes são essenciais neste papel de tradução e atribuição de sentido. Por que estamos mudando? Vai valer a pena? (Kallás & Coutinho, 2005).

TERCEIRO PRINCÍPIO: TRADUZIR O PROGRAMA EM "LINGUAGEM OPERACIONAL"

A maioria das metodologias de implementação defende que a tradução operacional das mudanças é preponderante para seu sucesso (Campos, 1996; Grove, 1983; Kaplan & Norton, 2000). Como as mudanças são complexas e de longo prazo, distribuí-las em atividades menores auxilia na implementação.

Kaplan & Norton (2000) recomendam a quebra desta tradução em quatro componentes: mapas estratégicos; indicadores; metas para estes indicadores e projetos que ajudem a sustentar estas metas baseadas em melhorias. De maneira geral, uma implementação não se sustenta sem a devida gestão destes projetos menores (Ewenstein et al., 2015). Ao mesmo tempo, parece que a tradução da estratégia em metas e projetos ajuda na apropriação das mudanças pelos colaboradores. Estes pequenos projetos e metas crescentes ajudam a trilhar o caminho para a visão de futuro que o programa de CXM tenta implementar. Esta relação fica melhor estabelecida através da figura a seguir:

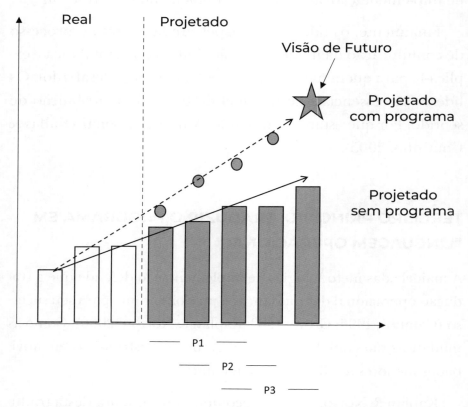

Fonte: Adaptado com base em Campos, (2004) e Kaplan & Norton (2000, 2008).

O alinhamento de indicadores, projetos e metas fica mais claro com a figura. A grande visão de futuro, decidida na fase de planejamento, pode ser traduzida por um ou mais indicadores (ex.: satisfação do cliente). Sem o projeto de transformação provavelmente esta visão não será atingida, pois existe uma lacuna de desempenho entre o projetado *status quo* e o projetado com as melhorias do programa. Para que isso aconteça, a organização precisa de projetos menores (exemplo: implementar e melhorar dados do CRM, implementar processo de resolução de problemas e outros). Os projetos e metas estão sempre intrinsecamente ligados.

> **"Metas e projetos são faces da mesma moeda. Metas são projetos que ainda não foram identificados."**

Entretanto, vale um alerta. Não se recomenda que as metas individuais ligadas à remuneração variável sejam implementadas logo no início de um programa de CXM. Muitas vezes, a colocação de metas sobre conceitos e indicadores desconhecidos causa a desconfiança dos colaboradores e a repulsa àquela metodologia/indicador (Ramshaw, 2012). Recomenda-se que as metas individuais ligadas à remuneração sejam implementadas depois que:

- O sistema de mensuração estiver estável.
- Os colaboradores tenham sido treinados sobre a mensuração e seu objetivo.
- O programa tiver passado por pelo menos uma fase de monitoramento e melhoria.
- O processo de avaliação de desempenho individual esteja maduro.

MINICASO: **IMPLEMENTAÇÃO DE CXM E METAS EM GRANDE BANCO COMERCIAL BRASILEIRO**

Recentemente, em uma aula de gestão de performance, comentei sobre CXM e NPS[3]. Não era o foco da aula. No intervalo, um aluno se aproxima e pergunta se eu poderia explicar o conceito com mais profundidade. Perguntei o porquê.

O banco em que o aluno trabalhava tinha um programa NPS lançado no começo do ano. Era setembro, e o aluno não sabia o que era o NPS, não tinha o conceito de CXM e estava ansioso porque a avaliação de desempenho se aproximava e ele ainda não tinha as ferramentas necessárias para resolver este problema.

QUARTO PRINCÍPIO: ALINHAMENTO PARA GANHAR ALAVANCAGEM

Alinhamento organizacional é um problema antigo e fascinante. Pense na trivial organização de um churrasco através de um grupo de WhatsApp. Perceba a dificuldade de alinhamento:

- Quem leva o quê?
- Que horas?
- Onde?
- Quem vai?

---

3 *Net Promoter Score. Veja o capítulo 5.*

- Com crianças?

- E os veganos?

- E se chover?

É sempre instigante a quantidade de energia gasta para que um pequeno evento social seja bem-sucedido. Uma organização é um arranjo social. E, como não poderia ser diferente, enorme energia é dispendida no alinhamento das pequenas atividades para que tudo dê certo no final. Um programa ou projeto de CXM, de maneira similar, precisa de esforços de alinhamento.

O que se quer atingir? Afinal, qual é o estado de alinhamento da organização? Uma bela metáfora é este exemplo (Kallás & Caldeira, 2019):

... imagine uma competição olímpica de remo, na modalidade "oito com timoneiro". Para que o barco vença, diversas coisas devem acontecer. Primeiro, o timoneiro deve ter um "plano" e executar esse plano sempre atento as mudanças ocorrendo com os competidores e no contexto. Para quem já viu esse tipo de competição, o mais surpreendente é a coordenação: os remadores não apenas remam na mesma direção, mas o fazem em ritmo cadenciado e concatenado. Só assim atingirão o melhor desempenho. Qualquer gestor com alguma experiência vai reconhecer as incontáveis vezes que a coordenação e o alinhamento falham em uma organização moderna.

Quais são as razões que tornam estes esforços de alinhamento tão difíceis (Kallás & Caldeira, 2019)?

- Organizações funcionais são voltadas à especialização, e naturalmente criam silos organizacionais.

- Potencialmente, a existência de unidades de negócios com diferentes tipos de mercados e estratégias (de experiência) pode também ser uma fonte de desalinhamento.

- Diferentes entendimentos sobre a visão de experiência ou mesmo decisões incompatíveis sobre a mesma visão podem levar a desalinhamentos.

Assim, o principal objetivo do alinhamento é evitar que as diferentes unidades organizacionais, ou, mais especificamente, no caso de CXM, os diferentes projetos e as decisões operacionais estejam desalinhados com a visão de CX. Tipicamente também ocorrerá uma disputa de recursos entre o programa de CXM e outros projetos e urgências ocorrendo na organização (Burgelman, 1983b).

Para isso é necessário que a direção do programa desenvolva tanto o alinhamento vertical (assegurar que todos os níveis de cada função estejam alinhados com a visão e os objetivos de CXM) quanto o alinhamento horizontal (assegurar que em um mesmo nível organizacional, por exemplo, a gerência, todos os integrantes do projeto estejam alinhados e conscientes de seus papéis (Ravasi & Phillips, 2011).

QUINTO PRINCÍPIO: COMUNICAÇÃO DA MUDANÇA

A boa comunicação de um grande programa de mudança é fundamental para seu sucesso. A comunicação do programa bem-sucedida alavanca os outros pilares de implementação. Por exemplo:

- Gestão de Programa: a comunicação auxilia a gestão do programa a ter voz.

- Visão de futuro: a comunicação estratégica é essencial para que a visão de futuro do programa de transformação seja crível, crie uma visão compartilhada e toque os participantes também no lado emocional (Duhigg, 2012).

- Papel da liderança: a comunicação, se bem estruturada, serve de apoio para os discursos da liderança que, conforme exposto, devem ser extremamente consistentes durante uma transformação.

- Alinhamento: de maneira semelhante ao ponto anterior, uma boa comunicação da transformação pode ser um elemento de alinhamento organizacional importante.

- Transformação da mudança em um processo contínuo: a constante comunicação das pequenas vitórias (Kotter, 1995), das melhorias constantes e da existência de uma priorização de recursos no entorno do programa são essenciais para o seu sucesso. Adicionalmente, a comunicação constante evita que o programa não perca momento, após o fator novidade se dissolver (Kallás & Coutinho, 2005).

E como fazer uma boa comunicação? Existem algumas ações geralmente recomendadas para a comunicação estratégica ou de transformação.

TABELA: **Recomendações para uma comunicação eficiente**

RECOMENDAÇÕES PARA UMA COMUNICAÇÃO EFICIENTE	COMENTÁRIOS
Mantenha a simplicidade.	Eliminar jargão e termos técnicos.
Use metáforas, analogias e exemplos.	Sempre que possível use imagens ou vídeos.
Use muitos fóruns e canais diferentes.	Diferentes públicos podem ser mais eficientemente alcançados através de fóruns adequados. Diferentes fóruns e canais aumentam a chance de que a comunicação seja lembrada.
Repetição, repetição e repetição.	A absorção de informações é um processo imperfeito. A repetição é fundamental.
Lidere através de exemplos e que estejam coordenados com a comunicação.	Nenhuma comunicação resiste a um exemplo negativo.
Resolva de forma explícita as inconsistências aparentes.	Fique atento às inconsistências. Elas vão surgir e devem ser sanadas.
Ouça e seja ouvido.	Use a comunicação de mão dupla a seu favor, ela ajuda nas inconsistências e no engajamento.

Fonte: Adaptado de Kallás e Caldeira (2019).

Recentemente um diretor de uma organização, passando por uma grande transformação afirmou em conversa informal: "É impressionante como a comunicação é um fato mais importante do que eu imaginava. O apelo de uma narrativa, de um bom *storytelling*, supera em muito as técnicas que a gente usava lá na consultoria".

SEXTO PRINCÍPIO: MUDANÇA COMO UM PROCESSO CONTÍNUO

O programa de mudança deve ser incorporado paulatinamente às novas rotinas da organização. É importante evitar o ostracismo do programa, que muitas vezes morre por inanição ao não ser incorporado nas práticas e hábitos organizacionais. Eventualmente, as práticas de CXM poderão ser reorganizadas em uma área específica. Existe uma proposição de tal desenho organizacional no capítulo 7. Kaplan & Norton (2000) são claros ao dizer que, se um programa de transformação não estiver no radar do dia a dia dos colaboradores, sua chance de sucesso é muito pequena. Segundo eles, a pergunta "O que você está fazendo este mês que vai ajudar na nossa Visão de CX?" deve ser constantemente feita (e respondida). Sem um processo contínuo, os pequenos passos tão importantes para a implementação se tornarão esforços hercúleos, que tendem a esgotar o time e colocar o programa em descrédito (Collins & Hansen, 2011).

EXISTEM DICAS ESPECÍFICAS PARA TRANSFORMAÇÕES DE CXM?

Existe pouco material específico para a implementação de programas de CXM. Um material raro é retirado da consultoria McKinsey, que acaba misturando alguns conceitos de implementação com outros mais genéricos. Ainda assim, vale a pena contemplar esta lista. Segundo a McKinsey, existem sete razões pelas quais as transformações de CX falham:

1. **Miopia:** causada pela falta de visão de futuro em relação a CX. Semelhante ao princípio 1 acima descrito.

2. **Indiferença:** causada pela falta de priorização da transformação de CXM por parte da liderança, semelhante ao segundo princípio.

3. **Percepção de valor:** a falta de um cálculo de retorno sobre a transformação de CX tende a fazer os programas de transformação em CXM perderem tração e terem dificuldades de "lutar" pelo orçamento limitado em suas organizações. Também tende a multiplicar o efeito do número 2, indiferença. Discutimos efeito semelhante no sexto princípio.

4. **Falta de consideração:** com o cliente, ou falhas em assumir-se o que o cliente quer, em vez de perguntar ou levantar dados. Na obra seminal de Parasuraman e colaboradores (1988), este problema é também chamado de lacuna 1, ou a lacuna de conhecimento.

Pode ser evitado através do mapeamento da jornada, como detalhado no próximo capítulo.

5. **Falta de balanço:** relacionada à constante tensão entre os resultados de curto prazo e o foco na transformação de longo prazo. Esta tensão tem um nome técnico em estratégia: ambidestralidade (O'Reilly & Tushman, 2008). Se o gestor focar excessivamente no curto prazo, a transformação pode perder apoio, pois o progresso das mudanças não fica visível. Se focar demasiadamente no longo prazo, ironicamente também pode perder apoio, pois as mudanças demoram a acontecer. É o que Kotter (1995) apelidou de a necessidade de *quick wins*.

6. **Fracionalismo:** ou a falta da visão do todo por parte de gestores e funcionários. O foco muito estrito apenas na parte da jornada que compete a uma área, sem observar como as mudanças afetam o todo. Segundo a McKinsey, 70% dos esforços de transformação em CXM acabam falhando por resistência dos colaboradores. Tratado no quarto princípio, alinhamento.

7. **Ortodoxia:** ou na sugestão da McKinsey, o uso de ferramentas "velhas". Aqui foca-se na necessidade de considerar novas ferramentas de desenvolvimento de negócios (tais como *Design Thinking*, capítulo 4) e no entendimento das mudanças necessárias às competências organizacionais (capítulo 6).

Em resumo, quer pela lista dos seis princípios, quer pela lista de causas de fracasso de transformações em CX, uma boa gestão de programa é essencial para o sucesso de um programa de CXM. Independente da estrutura (centralizado ou descentralizado), compete à liderança do programa ser o guardião dos seis princípios da execução que foram explicados neste capítulo.

EM TERMOS PRÁTICOS:
10 PONTOS A SE CONSIDERAR SOBRE GESTÃO DE PROGRAMAS DE MUDANÇA E A VISÃO DE CX

1. A visão de futuro é um importante fator engajador, seja em programas de mudança ou em planejamentos estratégicos. Considere cuidadosamente sua visão de futuro.

2. Use o poder dos números (cap. 3) para demonstrar o potencial de um programa de CXM. Visões que estão fundamentadas em números são mais fáceis de defender.

3. Programas planejados e com recursos funcionam melhor que programas sem planejamento. Considere recursos para a gestão do programa. A contratação de uma consultoria externa pode ajudar.

4. A decisão sobre centralizar (uma área) ou descentralizar (um comitê) dependem do *fit* de cada organização.

5. O engajamento da liderança é essencial. Aprendemos, por exemplo, que a escada se lava de cima para baixo[4].

6. Metas são importantes incentivos. Porém, tome cuidado: metas factíveis estão intimamente ligadas à gestão de projetos. A capacidade de gestão de projetos é essencial para o sucesso com metas.

7. Uma organização pode ser vista com uma constante luta por recursos e atenção do CEO. Tenha certeza de que projetos que são "competidores" ao projeto de CXM foram "domados".

8. A comunicação do programa é essencial para conquistar corações e mentes e catalisar a transformação.

9. É necessário um processo de gestão da mudança para que o programa funcione de maneira contínua. É desejável que o processo de mudança esteja incorporado aos outros processos organizacionais existentes.

10. Qualquer programa de êxito mostrou sucesso rapidamente (*quick wins*). É um correlato às metas de 100 dias de uma Presidência da República.

---

4 *Adaptado de Assumpção (2006).*

Onde estamos e para onde vamos? Jornada ou Experiência Ideal[1]

"You got to start with the customer experience and work backwards to the technology." (Steve Jobs, WWDC '97[2])

Em geral, um dos primeiros passos da implementação de um programa de CXM é a análise das jornadas atuais disponíveis para os clientes. Ao saber o status atual, o programa de CXM pode tomar algumas decisões:

---

[1] Agradeço ao Professor Victor Macul (Insper) pela ajuda na melhoria deste capítulo.

[2] Apple Worldwide Developers Conference.

1. Qual é o status atual? Ele está alinhado com a Experiência de Marca (BX)?

2. Qual é o potencial de melhoria?

3. Como isso poderia ser transformado em melhorias de satisfação e retenção dos clientes?

É importante enfatizar que o mapeamento da jornada não é a única fonte de dados disponível para as organizações nesta etapa de mapeamento do status atual e de seu potencial de melhora. É possível utilizar dados operacionais existentes, pesquisas antigas ou mesmo fazer levantamentos de dados específicos para esta decisão. Algumas fontes adicionais de dados para este tipo decisão:

- Análise das reclamações.

- Outras medidas e métricas de satisfação (feitas para o projeto ou já existentes).

- Relatórios ou análises de cliente oculto já realizadas.

- Outros tipos de pesquisas e/ou grupos focais[3].

Como o mapeamento de jornada é uma técnica muito comum em CXM (Edelman & Singer, 2015), o resto do capítulo será focado em entender em maior profundidade esta técnica.

---

3 *Tipo de pesquisa qualitativa que consiste em discussão estruturada de um tópico específico com pequenos números de participantes (Ipsos Encyclopedia, Focus Group, 2019).*

O QUE É A JORNADA DO CLIENTE? DE ONDE VEM ESTE TERMO E ESTA TÉCNICA?

Relembrando, a gestão da experiência do cliente tem como uma de suas fundações as áreas de operações, além de qualidade e design de serviços. Originalmente, a área de operações propunha a utilização de mapeamento de processos para acessar a jornada que o cliente percorria ao longo de seu relacionamento com a companhia. Entretanto, alguns problemas acabavam acontecendo com o uso da técnica do mapeamento de serviço (às vezes chamado de *footprint* de serviços).

- Excesso de visão (interna) da organização ao mapear ou desenhar o serviço (Zeithaml et al., 2014).
- Compartimentalização da visão do processo; esquecimento do *hand-over* (passagem) do consumidor de uma área para outra (Rawson et al., 2013).
- Incorporação de perspectivas pessoais dos gestores (em oposição ao desejo do cliente) sobre como deveria ser a oferta do serviço (Parasuraman et al., 1988).

É realmente difícil estabelecer exatamente quando surgiu a técnica do mapeamento da jornada. Uma possível origem aponta para a consultoria OxfordSM, que desenvolveu e utilizou a técnica com uma série de clientes, especialmente em redesenho de serviços com o governo britânico nos anos 2000 (Brown, 2009). Outras fontes citam Alan Cooper em seu livro de 1995 (Cooper et al., 1995).

Embora já existissem outras técnicas de levantamento de processos de serviços, tais como as auditorias de serviço (Fitzsimmons et al., 2004) e o *footprint* de serviços (Shostack, 1984), o mapeamento de jornada incorpora algumas importantes características do *design thinking* (DT) para o acompanhamento da experiência de um cliente (Brown, 2009).

Tipicamente, no mundo dos negócios, os *designers* eram envolvidos no mundo dos negócios "apenas" para a criação de novos produtos. A partir dos anos 2000, houve um crescente interesse no DT como uma ferramenta voltada a inovação e que colocava realmente o cliente no centro do processo (Brown, 2008). O aparecimento da IDEO, companhia de design de Palo Alto, fundada pelos professores da escola de design de Stanford, ajuda a popularizar o conceito (Kelley, 2016). O artigo seminal de Richard Buchanan (Buchanan, 1992) também ajuda a popularizar o conceito entre as organizações. Como os anos 2000 também marcam o crescimento, e por que não, o nascimento do CXM como hoje conhecemos, nada mais natural que a metodologia tenha sido adotada pelos praticantes de experiência do cliente. Tipicamente, as metodologias de DT trazem alguns componentes básicos:

- Empatizar: uma parte importante da metodologia é realmente se colocar nos sapatos do cliente para que o design seja cliente-cêntrico. O levantamento de dados deve ser feito de maneira isenta. Entre as técnicas utilizadas está a observação de campo, entrevistas e *role-playing*.

- Definir: articulação clara do problema ou questão a ser resolvida, na perspectiva do cliente. Uso de ferramentas tais como personas (Long, 2009) ou *jobs-to-be-done* (Christensen et al., 2016) é comum nesta fase.

- Idear: fase voltada para a criação de maior número de ideias possível (divergência), sem julgamentos e sem ideias descartadas a princípio. Construir sobre as ideias dos outros é encorajado. Após a ideação, se deve fazer o exercício de priorização (convergência).

- Prototipar: fase voltada a construir modelos simples das soluções para rápido teste. Pode ser na forma de *mock-ups* de produtos, *storyboards*, ou *mock-ups* virtuais de aplicativos e sites (por exemplo, usando serviços como o Ninjamock ou Marvel). A ideia é iterar rapidamente e corrigir os problemas que aparecem.

- Testar: passada a fase de prototipação, começa a construção da solução/produto. Deve-se manter a mentalidade de iteração constante com o cliente.

FIGURA – **Esquema do processo de *design thinking***

Empatizar

Definir

Idear

Prototipar

Testar

Fonte: Adaptado do processo de design thinking da Stanford d.school.

Algumas características comumente observadas de mapeamento das jornadas:

- O cliente no centro, visão do cliente e não da organização, empatia: um dos principais pontos do Mapeamento de Jornada (MJ) é utilizar o de empatia do *design thinking* (DT), assim, evitando que as jornadas fiquem na visão da organização (Rosenbaum et al., 2017).

- Organização adequada, em geral por linhas de tempo: o MJ é organizado ao longo de algumas linhas. O modo provavelmente mais comum é a organização por linha de tempo, que acompanha o cliente desde o início de uma necessidade até a conclusão desta jornada. Existem outras organizações possíveis, tais como mapas físicos, mapeamento da experiência do ponto de venda ao longo do dia, entre outros. A escolha da organização do MJ deve ser alinhada ao objetivo (Rosenbaum et al., 2017).

- Pontos de contato: pontos de contatos são as diferentes maneiras que o cliente pode interagir com a organização. Usando uma visão de cliente, os pontos de contato podem ser criados pela organização, pontos de contato inesperados (quando não estavam no desenho original das organizações) e pontos de contato iniciados pelos clientes (clientes muitas vezes seguem uma sequência não imaginada pelas organizações). Os pontos de contato podem se dar, numa mesma jornada, por diversos canais (*omnichannel* = omnicanal) (Lemon & Verhoef, 2016).

- Jornadas completas e não compartimentalizadas: a maioria das demandas dos clientes tem de percorrer mais de uma área/processo em uma organização para serem atendidas. Quanto mais amplo for o mapeamento, maior será a chance de mapear problemas nos pontos de passagem do cliente de uma área para outra (Rawson et al., 2013).

- Incorporações de emoções: com a realização que emoções influem decisivamente na experiência, muitos mapas tentam capturar a emoção vivida pelo cliente, de modo a entender como estas emoções influenciam as decisões dos clientes (Magids et al., 2015).

APLICANDO ESTAS IDEIAS AO MAPEAMENTO DE EXPERIÊNCIAS

Uma das fontes mais completas para o mapeamento de jornadas e experiências é o livro de Kalbach (2016), que, além de amplamente utilizado, tem a vantagem ter edição em português. Para Kalbach, o processo de mapeamento tem quatro estágios:

TABELA: **Processo de mapeamento de experiência: estágios**

ESTÁGIO	TEMPO ESTIMADO	OBJETIVO
Iniciação	1 hora a 1 dia	Garantir que o esforço seja relevante para a organização.
Investigação	1 a 4 dias	Fundamentar as hipóteses na realidade por meio de pesquisa e feedback de stakeholders reais.
Ilustração	0.5 a 3 dias	Materializar a experiência do consumidor de maneira visual para que todos na organização possam ver.
Alinhamento e visão	1 a 4 dias	Promover discussões e atividades em torno da experiência do consumidor em busca de soluções.

Fonte: Adaptado de Kalbach (2016).

FASE 1: INICIAÇÃO

Segundo Kalbach (2016), existem algumas decisões que precisam ter tomadas para não desperdiçar a ida ao campo. São elas:

- Ponto de vista. De quem e qual a experiência exatamente?

- Escopo. Quando começa e quando termina a experiência?

- Foco. Quais informações serão incluídas?

- Estrutura. Como a informação será organizada de maneira visual?

- Uso. Como o diagrama será utilizado para promover discussões com a equipe?

É importante entender que tipos de clientes vão passar pelas jornadas. Comumente temos dois métodos de definir o sujeito do desenho das jornadas. A primeira metodologia é a das personas, e a segunda é a das tarefas a serem cumpridas (*jobs-to-be--done* ou JTBD). Ambas são complementares. A persona tipifica quem está passando pela jornada, enquanto JTBD tipifica qual a experiência.

Podemos dizer que o processo de personas é uma evolução da segmentação de clientes. O conceito de entender segmentos, não apenas como clusters demográficos, mas como comunidades de identidade coerente é difícil de ser atribuído, mas uma possível fonte aponta para seu uso na agência Ogilvy One já a partir de 1994/5 (Jenkinson, 2009). A diferença da persona é que a comunidade é imaginada como uma pessoa real, de carne e osso, e seus comportamentos e atitudes frente à jornada ou ao ponto de contato ganham contornos mais reais. Colocado de outro jeito, as personas tentam identificar as tribos que gravitam em tornos das marcas ou das jornadas (Jenkinson, 2009).

"Personas nos fornecem uma forma precisa de pensar e comunicar sobre como os usuários se comportam, como eles pensam, o que desejam realizar, e porquê." (Cooper et al., 2009)

FIGURA: **Um desenvolvimento hipotético de uma persona**

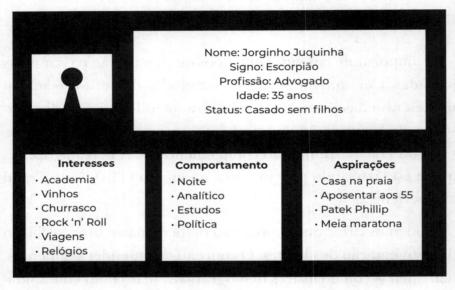

Fonte: Desenvolvido pelo autor a partir de exemplo fictício.

O que a persona deve ter:

- Uma cara (foto) e um nome.
- Informações demográficas.
- Uma frase marcante.
- Interesses, motivações e comportamentos.
- Características da persona que sejam importantes para o projeto.

A outra abordagem é a dos *jobs-to-be-done* (JTBD). Embora as raízes da ideia possam ser traçadas até a década de 1960 nas proposições de Ted Levitt, futuro editor da Harvard Business Review (Cook & Hall, 2005), o conceito foi retomado com mais sucesso pelo colega de Levitt, Christensen (Christensen et al., 2007). O que conceito advoga são duas questões práticas. Segundo Christensen et al. (2007):

> *"A maioria das organizações segmenta seus mercados pela demografia do cliente ou pelas características do produto e diferencia suas ofertas adicionando recursos e funções. Mas o consumidor tem uma visão diferente do mercado. Ele simplesmente tem um trabalho a ser feito e procura 'contratar' o melhor produto ou serviço para fazê-lo."*

Kalbach (2016) complementa a visão ao trazer o conceito para o CXM. Segundo o autor, o JBTD tenta responder a três perguntas nesta situação:

- Quando a persona vai percorrer a jornada?
- Qual a motivação em percorrer a jornada?
- O que a persona espera ao percorrer a jornada?

Outro ponto que chama a atenção é o escopo da jornada a ser mapeado. Jornadas muito longas são mais caras e levam mais tempo. Jornadas curtas tendem a perder informações importantes, especialmente relacionadas aos problemas de *hand--over*, ou seja, ruídos causados pela passagem de bastão em uma jornada. Cabe ao time definir o melhor escopo para a situação.

Veja no exemplo abaixo quantos estão envolvidos e quantas passagens de bastão acontecem:

TABELA: **A jornada de mudar de endereço num provedor de serviços de TV a cabo (JTBD)**

ATIVIDADE (JTBD)	QUEM
Aluga casa nova	Cliente
Avisa a organização provedora de serviços	Cliente
Dá instruções e aciona o financeiro e operações	*Contact center*
Recolhe o conversor antigo	Operações
Altera o cadastro	Financeiro
Agenda a instalação	Operações
Instala no endereço novo	Operações
Encerra um contrato e abre outro	Financeiro
Manda a conta no endereço novo	Administrativo

Fonte: Adaptado de Rawson et al. (2013).

FASE 2: INVESTIGAÇÃO

A segunda fase é a investigação, ou coleta de dados com o público-alvo. Tipicamente esta fase é realizada através de entrevistas e observações não participantes, embora outras fontes de dados possam ser utilizadas.

Uma boa pesquisa de campo deve ter alguns pontos planejados de antemão (Kalbach, 2016; Wolfinger, 2002):

- O que está sendo observado? Quais são as hipóteses?
- Que persona é aquela? Que JTBD está tentando realizar?

- Identificar atritos ou dores.

- Planejamento em que ambiente e circunstância se dará o encontro com o público-alvo.

- Definir um protocolo de entrevista/observação.

- Como serão armazenados os dados?

É preciso sempre entender que o consumidor não é um pesquisador e nem um analista, e, portanto, não saberá responder à pergunta: "o que devemos fazer para melhorar a sua experiência?" Como diria o professor de inovação Marcelo Salim:

> **"O cliente é especialista em problemas. Nós somos os especialistas em solução. Perguntar a solução para o cliente é cometer um erro."[4]**

FASE 3: ILUSTRAÇÃO

Chegou a hora de ilustrar a jornada. Mas, afinal, o que é um mapa de jornada? Segundo o Service Design Tools (2019):

> *"O mapa de jornada é uma representação sintética que descreve passo a passo como um usuário interage com um serviço. O processo é mapeado da perspectiva do usuário, descrevendo o que acontece em cada estágio da interação, quais pontos de contato estão envolvidos, quais obstáculos e barreiras eles podem encontrar. O mapa*

---

4 *Endeavor (2012).*

de jornada é frequentemente integrado a camadas adicionais que representam o nível de emoções positivas/negativas experimentadas durante a interação." (tradução nossa)

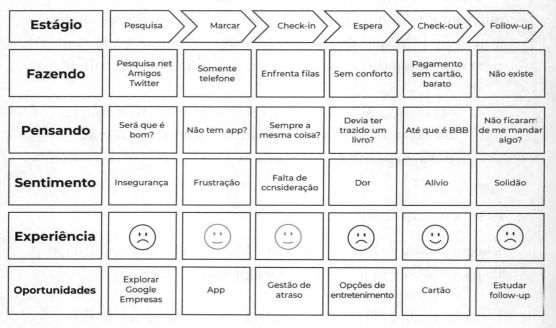

FIGURA: **Exemplo "ultra" simplificado de um mapeamento de jornada**

Fonte: Análise do autor.

Segundo Sitckdorn et al. (2011), o jeito mais fácil de entender um mapa de jornada é pensar nele como se fosse uma história. Especificamente, o mapa é o *storyboard* desta história, com cada quadro contando uma interação (ou um ponto de contato). Um *storyboard* não é o filme inteiro, mas um *highlight* dos momentos importantes desta jornada. O time terá de tomar decisões sobre a simplificação da ilustração da jornada. Um bom exemplo disso é um estudo feito pelo Google sobre a jornada de se comprar um carro (Gevelber, 2016). O estudo mostra que os pontos de contatos são na casa dos milhares, e é obviamente impossível representar todos estes pontos. O time terá de simplificar.

A jornada de compra da Stacy:

- 71% dos pontos de contato foram mobile.

- 900 pontos de contato em três meses.

- 139 pesquisas no Google.

- 89 pesquisas de imagem.

- 70 interações com concessionárias e seus sites.

- 186 interações com fabricantes e seus sites.

- Explorou 14 marcas.

- Considerou 6 marcas.

- Decidiu entre duas marcas.

Fonte: Adaptado de Gevelber (2016).

Outra preocupação importante na fase de desenho é considerar, além do mapeamento da jornada, também o chamado *Service Blueprint* (SB)[5] (Shostack, 1984). O SB é uma representação que descreve, na perspectiva da empresa, o passo a passo de como entregar seus serviços para os usuários, todos os atores envolvidos, todos os processos. É um mapeamento dos bastido-

---

5 *Para exemplos veja https://servicedesigntools.org/tools/service-blueprint*

res da Jornada, o que acontece atrás da cortina. Sem um SB, corre-se o risco de se desenhar uma jornada futura maravilhosa, porém impossível.

FASE 4: ALINHAMENTO E VISÃO

Para se discutir a jornada ideal, dois tipos de análise podem ser necessários:

- Mudanças apenas pontuais nos pontos de contato, em que se pode utilizar o DT ou mesmo uma metodologia de resolução de problemas.
- Mudanças da jornada em si, com simplificação da jornada e ou um desenho inteiramente novo. Neste caso, o DT deve ser a ferramenta de escolha.

A consideração sobre a "jornada ideal" ou sobre a melhora da jornada atual, além do DT, deve levar em conta uma série de diretrizes. A primeira delas é sobre a promessa de marca. Qual é a promessa de marca? Ela está sendo atendida hoje? A nova proposição de jornada está congruente com a promessa de marca? Estudo recente da Ipsos mostra os grandes efeitos da não entrega da promessa da marca (Moss, 2019). A segunda consideração é sobre a visão do programa de CXM. Qual a visão de futuro da nossa experiência? A terceira é a consideração de que várias personas ou vários JTBD podem estar "competindo" pelas jornadas, isto é, é impossível fazer uma jornada que atenda a todos. Cabe ao gestor refletir sobre estes conflitos de *design* antes de decidir pela jornada ideal.

Estes conflitos podem se manifestar, por exemplo, num conflito entre uma jornada sem atrito e uma jornada de encantamento, de experiência única. É quase certo que estes dois tipos de jornada são mutuamente exclusivos. Quanto mais tivermos de um tipo, menos teremos do outro. Para tomar esta decisão, duas ferramentas são importantes.

A primeira é entender quais são os atributos mais importantes para cada persona ou JTBD e para a população de clientes como todo um todo. Só assim poderemos tomar a decisão sobre ajustes mutuamente exclusivos na jornada. Veja, por exemplo, a tabela a seguir, que demostra alguns atributos desejados em pesquisa da PwC. Enquanto neste exemplo parece que a experiência sem atrito é a favorita, no caso de sua organização o conflito pode ser mais equilibrado.

TABELA: **O que os clientes querem da experiência. Quando falamos de experiência excelente, que itens serão mais importantes no futuro? Itens selecionados. Números aproximados.**

ITEM	% CONSIDERAM O ITEM	ITEM	% CONSIDERAM O ITEM
Eficiência	80%	Programa de lealdade	72%
"Sabe do que está falando"	80%	Personalização	69%
Serviço amistoso	78%	Experiência móvel	68%
Facilidade de pagamento	78%	Experiência única	61%
Conveniência	77%		

Fonte: Adaptado de Experience is everything: Here's how to get it right (Clarke & Kinghorn, 2018).

Usando estes dados, é importante também mapear a jornada e compará-la aos competidores existentes. Existe um fenômeno de "Uberização" da experiência, ou seja, os clientes compraram as jornadas entre organizações concorrentes, e mesmo entre organizações que não estão no mesmo segmento (Shipton et al., 2017)[6]. Como "posicionaremos" nossa jornada frente aos concorrentes?

Uma das melhores ferramentas para comparação e priorização de atributos é o chamado mapa de atributos (Kim & Maugborgne, 1997). Recomendamos a versão de Frei (Frei & Morriss, 2013). Baseado em pesquisas, deve-se plotar os atributos mais desejados pelos clientes à esquerda e os menos desejados à direita do mapa. A ideia é de economizar recursos da organização: diminuir ou eliminar os atributos menos desejados pelos clientes e aplicar estes recursos em atributos mais valorizados pelos clientes. Desta maneira, fica mais embasada a escolha de que atributos priorizar durante a jornada.

---

6 *É interessante ter em mente que um dos fatores de baixa satisfação são as expectativas de marca não cumpridas (Moss, 2019; Parasuraman et al., 1988)*

FIGURA: **Exemplo de mapa de atributos**

Fonte: Adaptado de Frei & Morris (2013).

CASO: RESOLVENDO A JORNADA DOS MINIMERCADOS: MINUTO PÃO DE AÇÚCAR VS. CARREFOUR EXPRESS[7]

Uma das grandes novidades no cenário do varejo desta década foi a aposta das grandes redes em minimercados na Grande São Paulo. A partir da experiência do Minimercado Extra, uma série de outras redes apostaram neste formato.

Mesmo com foco neste formato, podemos analisar as diferentes decisões dos *players* em como implementar o formato. Focaremos nas diferentes leituras (e jornadas) que as redes Pão de Açúcar e Carrefour fizeram de um mesmo conceito.

A implementação do Pão de Açúcar se chama Minuto Pão de Açúcar. Entretanto, ao contrário do nome, a jornada não parece ser pensada em pequenas compras. Em resumo, o mercado parece um supermercado da rede em miniatura: uma loja menor, com corredores menores, menos caixas, um pouco menos de itens, mas ainda muita variedade. A cara e o jeito é de Pão de Açúcar, o atendimento é Pão de Açúcar. Tem até os selinhos. Parece um design voltado a ter minilojas de ruas nos diversos bairros.

A implementação do Carrefour Express segue uma receita bem diferente. A decisão do Carrefour parece ter sido voltada a quem está com pressa. Vários elementos são pensados para uma compra muito, mas muito rápida. O caixa é voltado a resolver os *jobs* já no caixa: cigarros, xampus, bebidas e chocolates

---

7 *Desenvolvido a partir da análise do autor, com base em sua experiência como consumidor, além das fontes citadas. Não necessariamente transmite as decisões das organizações citadas.*

tentam resolver o *jobs* de quem nem quer entrar na loja. Pela manhã, o pão francês fica na entrada da loja. Nas sextas-feiras, a cerveja fica na entrada da loja. O caixa é grande e domina boa parte da loja. Para uma jornada rápida, algumas escolham foram feitas. A variedade de itens é bem menor do que no concorrente. O mais interessante é o foco em resolver a grande dor dos varejos em geral e dos supermercados em particular: o *checkout* (pagamento). A partir de uma fila de mais de quatro pessoas no caixa, os funcionários com treinamento focado deixam suas outras atividades e correm rapidamente para abrir novos caixas. Resolvida a fila, retornam rapidamente aos seus afazeres. Mesmo a colocação das lojas segue uma lógica diferente. Enquanto existem as lojas de rua, não são incomuns lojas dentro de galerias, dentro de prédios comerciais, dentro de aeroportos. Qualquer lugar que as pessoas estejam com pressa. Neste sentido, as escolhas do Carrefour em termos de atributos e seu espelhamento na jornada ficam patentes.

FONTES:

https://www.carrefour.com.br/institucional/imprensa/releases/carrefour-express-inaugura-sua-trigesima-unidade-no-pais

https://epocanegocios.globo.com/Informacao/Acao/noticia/2014/08/carrefour-lanca-loja-compacta-no-brasil.html

https://www.gpabr.com/pt/negocios-e-marcas/marcas/minuto-pao-de-acucar/

https://abemd.org.br/noticias/minuto-pao-de-acucar-aposta-em-maior-frequencia-de-compra-e-quer-ser-a-despensa-do-cliente

CASO: É POSSÍVEL A MELHOR E A
PIOR JORNADA CONVIVEREM NO MESMO ESPAÇO: O CASO DAS DROGARIAS[8]

O caso das drogarias pode exemplificar como jornadas, por vezes muito distintas, podem ser desenhadas e conviver no mesmo espaço. A maioria das grandes redes tem duas áreas de produtos bem distintas. Uma área de perfumaria e uma área de medicamentos.

As jornadas para estas duas experiências não poderiam ser mais diferentes. Vamos primeiramente examinar a área de perfumaria. A área de perfumaria de uma drogaria visitada para escrever este caso deve compor algo como 70% do espaço da loja. É composta por grandes fileiras de produtos em *displays* chiques, e sempre há, pelo menos, duas atendentes, com uniformes diferentes do uniforme dos farmacêuticos, prontas para atender. Dados o maior preço e margem deste tipo de mercadoria (especialmente produtos de beleza), nenhum grande espanto. É uma jornada feita para agradar aos olhos e a experimentação. A maioria dos usuários reporta grande satisfação quando navega esta jornada. Uma das melhores jornadas disponíveis no varejo.

Do outro lado, temos a jornada dos medicamentos. Focaremos especial atenção em uma persona específica: o comprador, com doença crônica, que utiliza medicamento que retém receita, que tem de conseguir uma autorização do plano ou de quem quer que forneça desconto, e cujo caráter repetitivo da compra faz com que disponibilidade, preço e desconto sejam de suma

---

8 *Desenvolvido a partir da análise do autor, com base em sua experiência como consumidor, além das fontes citadas. Não necessariamente transmite as decisões das organizações citadas.*

importância. É uma jornada "miserável". Em primeiro lugar, o espaço da loja é menor e menos atrativo. Além disso, existe fila para ser atendido. Ao ser atendido terá de escolher entre um sem número de medicamentos genéricos. Nem todas as marcas estarão disponíveis. Depois de escolhida a marca, tem de escolher quais dos planos utilizar para ter desconto. Em geral os sistemas de desconto são lentos. Passada esta fase, tem de dar seus dados, receber um papel de rascunho com a senha de autorização e ir ao caixa, que pergunta novamente uma parte destes dados. Se der sorte, não vai haver erro na senha de autorização, que deve ser manualmente digitada pelo caixa. Senão, terá de voltar ao balcão de atendimento, "furando a fila". E vai ter de repetir todo o prélio no mês seguinte. Parece ser uma das grandes oportunidades para o CXM. A primeira rede que melhorar esta jornada deve encontrar grande sucesso.

FONTES:

https://ai9tec.com/experiencia-consumidor-farmacia/

https://www.meioemensagem.com.br/home/marketing/2015/01/12/farmacias-e--drogarias-a-frente-em-experiencia.html

https://guiadafarmacia.com.br/materia/a-experiencia-proporcionada-pelo-layout--da-farmacia/

https://www.farmarcas.com.br/como-melhorar-experiencia-de-compra-dos-clientes-dentro-da-farmacia/

EM TERMOS PRÁTICOS:
O QUE PRECISAMOS CONSIDERAR SOBRE A GESTÃO DA JORNADA?

1. A gestão da jornada, enquanto uma ferramenta importante, não é sinônimo de um programa de CXM. É apenas uma das ferramentas.

2. Não faça o desenho de uma jornada mais complicado do que precisa ser. Simplicidade muitas vezes é chave.

3. Embora o *design thinking* seja uma técnica desejável, o ótimo é inimigo do bom. Às vezes é possível fazer um bom mapa, mesmo sem *post-its*.

4. O essencial do mapeamento de jornada é a empatia. Quando mais envolvemos o cliente no processo de mapeamento e desenho, provavelmente melhor será o resultado.

5. Não caia nos pecados de desenho de serviços:

   a. Não desenhe uma jornada para si mesmo.

   b. Não desenhe uma jornada impossível para seus funcionários.

   c. Pense que seus clientes são participantes não treinados de uma jornada. Ela é simples? Senão, como vou treiná-los?

6. A regra de "Murphy" do desenho da jornada é que, não importa quantas vezes uma organização tenha pensado e desenhado uma jornada, um cliente sempre vai achar uma forma de burlá-la, conscientemente ou não.

7. Qual é a visão estabelecida no planejamento do programa. É uma visão de jornada inesquecível ou de jornada sem atrito? Conheça a estratégia da organização para que sua jornada esteja de acordo com esta visão.

8. Foque nos pontos da jornada aos quais o cliente dá mais valor. Em caso de recursos escassos, tenha a coragem e a consciência de escolher onde a jornada oferecida por sua organização será apenas razoável.

9. Pode existir um trade-off entre a jornada que maravilha (uau!) e a jornada que não causa atrito. Cuidado para não tentar alcançar combinações impossíveis.

10. Um grande desafio de um programa de CXM é que as diversas jornadas vão coexistir em um mesmo espaço. Embora argumente-se que, no princípio, as organizações devem começar simples (poucas jornadas), as competências de gestão de múltiplas jornadas devem ser incorporadas aos poucos.

Mensuração: como vamos medir a experiência?

Apesar de um sinônimo comum para a gestão da experiência do cliente ser "vamos implementar o NPS[1]", note que só agora vamos falar dos indicadores de experiência. A decisão gerencial deve ser de que maneira devemos mensurar se a experiência está sendo bem executada e bem recebida pelos clientes. Os indicadores ligados a "clientes" têm se tornado cada vez mais populares e importantes nas organizações. Ao perguntar "quais são os três indicadores mais importantes de sua organização", Kiron & Shrage (2018)

---

1 NPS = Net Promoter Score.

observaram "relacionados aos clientes" em 38% das respostas, percentual três vezes maior do que o segundo colocado (vendas com 9%).

O QUE QUEREMOS MEDIR?

A frase "o que não pode ser medido não pode ser gerenciado"[2], que ficou famosa com o passar dos anos em administração de empresas, talvez ficasse mais interessante se fosse:

> **"Se medirmos A pensando que estamos medindo B, tomaremos as medidas erradas."**

O que queremos medir afinal? Se usarmos o modelo de Sasser e Reichheld como base, o que queremos medir é a relação entre uma boa experiência e o aumento do CLV. Esta relação, entretanto, é intermediada por uma série de "passos": satisfação, retenção e as alavancas de aumento de CLV; diminuição de custo de servir, aumento de *upsell e cross-sell*, prêmio de preço e aumento na indicação.

Através dos trabalhos de Reichheld (2003, 2006), fomos apresentados a duas ideias fundamentais em termos de medição: que seria necessária apenas uma pergunta, e de que a pergunta do NPS estaria relacionada positivamente a crescimentos de receitas. Enquanto Reichheld (2003, 2006) revolucionou e praticamente "fundou" o campo de CXM como o conhecemos

---

2 Existem diversas atribuições diferentes para esta frase. A trataremos como apócrifa.

hoje, é preciso entender as consequências implícitas nestas duas recomendações.

O NPS E AS PROPOSIÇÕES DE REICHHELD

O *Net Promoter Score* foi introduzido por Fred Reichheld, sócio da Bain, no seu artigo seminal (Reichheld, 2003). O conceito é simples. Para analisar a experiência, é apresentada a seguinte questão (e respectiva escala):

Numa escala de 0 a 10, qual é a probabilidade de você nos recomendar (ou recomendar este produto/ serviço/marca) a um amigo ou colega?[3]

0   1   2   3   4   5   6   7   8   9   10

Pouco provável   **Muito provável**

Fonte: Reichheld (2006).

O cálculo do NPS é feito atribuindo aos clientes que deram as notas de 0 a 6 a pecha de detratores, ou seja, aqueles que provavelmente vão fazer um boca a boca negativo para a organização. Os clientes que detêm as notas 7 e 8 serão classificados como passivos. E os clientes que afirmarem que a chance de

_____

3 *A apresentação da pergunta ou da escala, em forma diferente, pode afetar, e em muito, o perfil das respostas. Por exemplo, algumas traduções para o português usam a palavra indicar, em vez de recomendar, provavelmente mudando o sentido.*

indicação é 9 ou 10, serão classificados como promotores, ou seja, que farão propaganda positiva boca a boca. Reduziu-se, portanto, uma escala de 11 pontos (0 a 10) para uma de três pontos (detratores [-], neutros [0] e promotores [+]). O cálculo do NPS é feito subtraindo o número de detratores do número de promotores. Assim, a unidade do NPS é um percentual. O menor NPS possível -100, representando que todos os clientes são detratores (100% negativos). A maior nota possível é +100, ou seja, 100% dos clientes são positivos.

Além disso, o texto de Reichheld (2003) faz duas afirmações:

1. De que o NPS é a medida que está relacionada ao crescimento futuro de receitas através dos mecanismos de retenção e, portanto, a melhor medida de CXM.

2. Que a organização precisa apenas desta medida, o que simplificaria o processo de gestão da experiência.

A melhor literatura disponível apresenta desafios para estas duas afirmações. A maioria dos estudos demonstra que o NPS parece não estar relacionado ao crescimento futuro de receitas e nem ser a única medida necessária.

MENSURAÇÃO: COMO VAMOS MEDIR A EXPERIÊNCIA?

TABELA: **Testando o NPS: o que dizem os artigos acadêmicos sobre o NPS (artigos selecionados, não de autoria dos criadores do NPS)**

ARTIGO	NPS FUNCIONA COMO AFIRMADO?	O QUE DIZ O ARTIGO
Morgan & Rego (2006)	Não	NPS não está relacionado a uma série de medidas de performance organizacional usadas pelos autores.
Keiningham et al. (2007a)	Não	O uso apenas do NPS não é o melhor preditor de lealdade.
Keiningham et al. (2007b)	Não	O NPS não é superior a outras medidas.
Pingitore et al. (2007)	Em termos	O NPS é um bom preditor, mas não é a única medida.
Pollack & Alexandrov (2013)	Não	O NPS não está relacionado a crescimento, a melhor medida é uma combinação de métricas.
East et al. (2011)	Não	O NPS tem resultado semelhante as medidas tradicionais de satisfação.
Kristensen & Eskildsen (2011)	Não	O NPS é um preditor ruim de lealdade do cliente.
Korneta (2014)	Sim	O NPS está relacionado à confiança do consumidor.
De Haan et al. (2015)	Em termos	O NPS é um razoável preditor de consumidores com propensão a deixar a organização, mas não funciona com a única medida.
Zaki et al. (2016)	Não	O NPS não está relacionado à lealdade dos clientes, melhor ter mais de uma medida.
Raasens & Haans (2017)	Em termos	O NPS parece ser uma boa medida, mas os passivos deveriam entrar no cálculo.
Korneta (2018)	Não	O NPS e crescimento não estão relacionados.

Fonte: Análise da literatura realizada pelo autor.

CUSTOMER EXPERIENCE MANAGEMENT

A maioria dos artigos não consegue suportar as duas afirmações de Reichheld (2003). O NPS parece não ser a melhor medida relacionada ao crescimento futuro de receitas e nem ser a única medida necessária para o sucesso da gestão da experiência. Por exemplo, Zaki et al. (2016) demostra que existe grande diferença entre o NPS e o real comportamento futuro dos clientes.

GRÁFICO: **Diferença entre NPS e lealdade futura: período de 3 anos (Promotores, Neutros, Detratores, Perdidos, Retidos)**

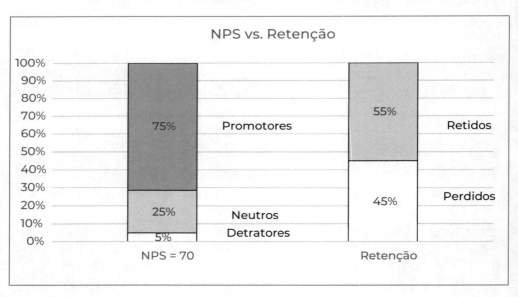

Fonte: Análise do autor usando os dados de Zaki et al. (2016).

Vários dos estudos que focam nas melhores medidas e escalas de experiência chegam à conclusão de que múltiplas medidas apresentam resultados mais consistentes do que medidas únicas. Nenhuma métrica pode colher todas as facetas exigidas pela gestão da experiência (De Haan et al., 2015; Morgan & Rego, 2006). Isso também corrobora o que se vê na prática. Segundo a Customer Gauge, organização de consultoria em gestão da experiência, embora 45% das organizações usem apenas o NPS como medida, quase 50% das organizações usam mais de uma medida para gestão da experiência.

GRÁFICO: **Uso de métricas de CXM**

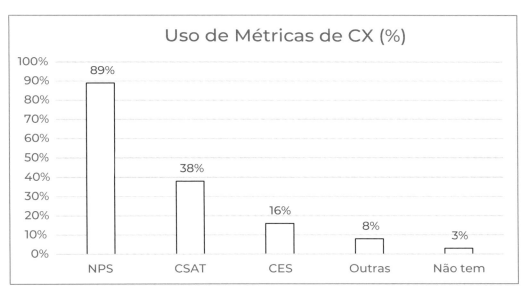

Fonte: Customer Gauge 2018 NPS e CX Benchmarks Report. Múltiplas repostas.

A grande questão que parece perseguir o gestor de CXM é: devo optar por um sistema mais simples, com poucas medidas e mais fácil de implementar, porém com defeitos nas métricas? Ou devo tentar medir tudo de saída, com um sistema mais consistente, mas que será mais complexo de implementar?

Em defesa de Reichheld, ele mesmo reconhece no segundo livro (Reichheld & Markey, 2011) que houve efeitos indesejados da onda de implementações de NPS. De um lado, organizações que começaram com o NPS nunca chegaram a tentar outras medidas. Do outro, algumas organizações ficaram tão obcecadas com a melhoria do índice que acabaram esquecendo de que o objetivo final deveria ser a melhoria de experiência que levaria ao crescimento (do CLV, no melhor modelo de 1990, ou de receitas futuras, no modelo de 2003). O que deve fazer o gestor de CXM?

ENTENDENDO AS POSSÍVEIS MEDIDAS DE CXM, SEUS CUSTOS E SUAS COMPLEXIDADES

Existe uma variedade bem grande de medidas de CXM. A escolha do "melhor conjunto" de medidas é parte importante da implementação de um programa de CXM. Notem que melhor conjunto está em aspas. O gestor terá que tomar esta decisão baseado em uma série de fatores, tais como: custo de ter mais de uma medida; complexidade em gerenciar mais de uma medida; necessidade de recursos exponencialmente maiores para poder analisar em profundidade cada uma das medidas. Quanto mais medidas e escalas, maiores os gastos com treinamento e capacitação. Se o gestor escolher uma medida que não seja o NPS, terá que convencer a organização do porquê não utilizar a medida mais comum. Tudo isto colocado, o conselho que dou aos meus clientes é:

"Começar simples para que o Programa CXM decole é uma virtude."

Com isso em mente, segue uma lista com algumas das métricas mais utilizadas em CXM. Desde o seu sucesso, outras organizações têm tentando achar o "novo" NPS. Isto, de certa forma, tem causado uma "inflação" em termos de métricas de CXM.

PRINCIPAIS **métricas de experiência em CXM**

MÉTRICAS DE EXPERIÊNCIA	PERGUNTA TÍPICA	O QUE DIZ O ARTIGO
Satisfação (CSAT)	Você está satisfeito com a organização X?	A pergunta clássica que já era estudada desde os anos 1980-1990 (Rust & Zahorik, 1993). Embora tenha saído de moda com a chegada do NPS, a maioria dos estudos mostra que tem bom valor preditivo para a lealdade de clientes e CXM.
Tendência a continuar (*likelihood to continue*)	Qual a probabilidade de voltar a fazer negócios conosco?	Métrica bem voltada a mensuração da probabilidade de retenção e de *churn*.
Net Promoter Score (NPS)	Numa escala de 0 a 10, qual a probabilidade de você nos recomendar a um amigo ou colega?	A métrica que começou a revolução de CXM (como já discutido), apresenta uma dúvida se é uma medida melhor que o CSAT. É provavelmente a medida mais utilizada.

(continua)

(continuação)

MÉTRICAS DE EXPERIÊNCIA	PERGUNTA TÍPICA	O QUE DIZ O ARTIGO
Customer Effort Ratio (CES)	A organização X tornou fácil a resolução de meu problema?	Uma medida proposta em um artigo da Harvard Business Review (Dixon e colaboradores, 2010) mede o esforço que o cliente tem de fazer para se relacionar com a organização ou resolver seu problema. Os estudos de métricas mostram que é uma métrica de pouca qualidade para CXM (De Haan et al., 2015).
Top 2 Box	Numa escala de 0 a 10, qual a probabilidade de você nos recomendar a um amigo ou colega?	Usando a mesma escala do NPS, utiliza um cálculo diferente, contabilizado apenas os promotores, ou seja, quem deu 9 ou 10. Os estudos de métricas mostram que tende a ser a melhor métrica para CXM (De Haan et al., 2015; Morgan & Rego, 2006).
Engajamento emocional	Escala com várias perguntas	A literatura demonstra que o engajamento emocional com uma marca afeta a percepção de experiência e, portanto, a lealdade. Um artigo na HBR de 2015 (Magids e colaboradores, 2015) joga luz novamente sobre este conceito. Uma série de fornecedores oferecem a métrica (Ipsos, Motista, entre outras). Ainda não temos estudos suficientes para entender a relação com CXM.
5 Estrelas	Avalie o nosso serviço	A medida das cinco estrelas (escala Likert de um a cinco) tem se tornado cada vez mais comum, sendo especialmente adotada pelas organizações de tecnologia e aplicativos que têm surgido (Stoyanov et al., 2015). Uma hipótese pela adoção de uma escala de cinco pontos é justamente a facilidade de colocá-la em um aplicativo.

Fonte: Revisão da literatura feita pelo autor.

É importante relembrar que o sentido de medir a satisfação ou experiência é o de conseguir melhorar a experiência para que o valor do cliente (CLV) aumente e, assim, aumente o valor da organização. É primordial que as organizações entendam o relacionamento entre as métricas de experiência e as alavancas de valor de CXM. É interessante até mesmo discutir se cada uma das alavancas deveria ter sua própria métrica. Outra discussão interessante é analisar se algumas métricas existentes hoje são as mais indicadas para cada uma das alavancas:

TABELA: **Construtos, alavancas e possíveis medidas**

CONSTRUTO/ ALAVANCA	POSSÍVEIS MÉTRICAS	COMENTÁRIOS / OBSERVAÇÕES / QUESTÕES
Experiência	Entrega da Experiência (Cliente oculto, medidores de "qualidade")	Note-se que satisfação ou NPS não medem a experiência em si, mas seu resultado. Valeria a pena medir a entrega da experiência através de clientes ocultos ou medidores operacionais de qualidade.
Satisfação	CSAT ou NPS	A onda do NPS fez com que o CSAT fosse substituído pelo NPS. Temos indicações que as medidas são muito semelhantes.
Retenção	*LTC (likelihood to continue)* / Retenção / *Churn*	Temos uma medida direta de intenção de continuar que é LTC. Devemos usar esta medida ou confiar no CSAT/NPS como indicativo? Uma vez que é possível medir a retenção diretamente, é muito importante relacionar as medidas anteriores. Outra questão interessante a se pensar é: quanto tempo depois da má experiência ocorre o *churn*? Existe tempo para recuperação?

(continua)

(continuação)

CONSTRUTO/ ALAVANCA	POSSÍVEIS MÉTRICAS	COMENTÁRIOS / OBSERVAÇÕES / QUESTÕES
Indicação	NPS	Devemos usar o NPS como um substituto para CSAT, ou devemos usar o NPS como uma medida de potencial de indicação? Seria interessante saber a relação entre NPS e a indicação *per se* (número de indicações e valor).
Upsell e *Cross-sell*	*Upsell* e *Cross-sell*	Podemos medir diretamente. Qual dos indicadores anteriores tem mais efeito sobre o *upsell e cross-sell*?
Preço premium	Prêmio de preço / tempo de casa	Estamos conseguindo cobrar um prêmio de preço pela melhor experiência? Existe relação com o tempo de casa? Qual é?
Custos operacionais	Custo de servir / custo por cliente	O custo de servir tem diminuído? Qual a relação entre a experiência e o custo de servir?[4]
CLV	CLV	O CLV tem aumentado? Qual a medida com maior relação com o CLV?

Fonte: Análise do autor.

---

4 *Existe evidência entra a relação da melhora de experiência e o custo de servir, que muitas vezes é muito relevante no custo total (Dixon et al., 2017).*

FIGURA: **Um exemplo de possível conjunto de indicadores de experiência e seus resultados**

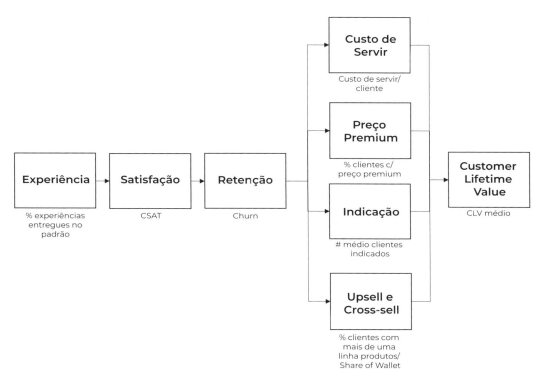

Fonte: Análise do autor.

É crucial, portanto, medir não apenas a experiência, mas também as alavancas e o resultado final. No mundo real, isso coloca um dilema entre o melhor dos mundos e o que pode ser feito para hoje. Se decidir por simplificações, compete ao gestor ter ciência e conseguir explicar quais são as simplificações do sistema que está construindo. É importante também ter um objetivo de aprimoramento do sistema, tanto em termos de indicadores, quanto em termos de quantidade e profundidade das análises que podem ser feitas.

> **"O papel do gestor de CXM, no fundo, é entender a relação e as alavancas entre todos estes indicadores."**

Outro ponto importante a salientar é que a literatura mostra que estes indicadores de experiência são extremamente sensíveis ao setor. Isso acaba levando a duas conclusões importantes. Primeira: *benchmarks*, especialmente os de NPS, devem ser levados com extremo cuidado. Segunda: o papel do gestor de CXM, no fundo, é entender a relação e as alavancas entre todos estes indicadores, no seu caso. É de entender profundamente os indicadores e alavancas de CXM.

ALÉM DAS PESQUISAS

As pesquisas de satisfação sempre foram centrais para o campo da experiência. A satisfação (e pesquisas associadas) foram primordiais para o desenvolvimento do CXM. Some-se a isso que a grande revolução de CXM foi dada através da introdução de uma nova pergunta e escala: o NPS (Reichheld, 2003). A pergunta do NPS tem o formato de uma indicação ou recomendação, e sabemos que recomendação é fundamental na lógica do CXM, como demonstra a tabela a seguir.

TABELA: **Quão importante é a recomendação na sua decisão de compra?**

PAÍSES	QUÃO IMPORTANTE?	PAÍSES	QUÃO IMPORTANTE?
Brasil	89%	EUA	75%
México	88%	Austrália	74%
China	87%	Canadá	72%
Colômbia	84%	Reino Unido	65%
Argentina	77%	Alemanha	62%
Singapura	76%	Japão	31%

Fonte: Adaptado de PwC Future of Customer Experience Survey 2017/2018.

Vale, entretanto, fazer alguns adendos:

1. Pesquisas tipo *survey* são custosas e trabalhosas.

2. É sempre possível conseguir dados do consumidor através de outras formas de coleta: dados operacionais, dados que indiquem comportamento, futuramente análise dos comportamentos do consumidor através das câmeras.

3. O CXM também se utiliza, frequentemente, da técnica de cliente misterioso. Nesta técnica, um entrevistador (na maioria das vezes treinado) e anônimo observa se a experiência está sendo bem implementada (foco em "auditoria") e se a experiência trouxe o impacto e a as emoções devidas ao final da jornada (Mercurio & Fiesta, 2017).

4. Especialmente em casos de jornadas em negócios *business-to-business* (B2B) e programas de *Customer*

Success (CS) focados em software, a utilidade das pesquisas tende a diminuir, pois a base é pequena. Nenhum cliente de uma organização grande gostaria de se sujeitar a responder a mesma pesquisa doze vezes por ano. Nestes casos, o programa deve prever outras formas de coleta (tais como medidas de experiência através de cliente oculto e dos *Quartely Business Reports*).

Mesmo com os adendos acima é preciso reconhecer que no atual estado da tecnologia e de CXM, a mensuração provavelmente será focada em pesquisas de satisfação. A escolha de um gestor de CXM deve estar relacionada com a sua realidade.

FAZER PESQUISA É UM POUCO MAIS COMPLEXO DE QUE ABRIR UMA PESQUISA NO GOOGLE FORMS

A experiência em engajamento de projetos de CXM mostra que provavelmente este é um dos maiores erros das organizações ao realizar seus programas de CXM. Precisamos lembrar que a pesquisa tipo *survey* é baseada, na maioria das vezes, em entrevistas de uma pequena amostra para se conseguir um panorama confiável de um universo de clientes (Hair Jr. et al., 2010). Em função disso, uma série de medidas devem ser tomadas para que a resposta da pesquisa seja fidedigna.

MENSURAÇÃO: COMO VAMOS MEDIR A EXPERIÊNCIA?

1. Escalas são muito sensíveis. A maioria das pesquisas em CXM usa uma escala tipo "Likert"[5], ou como no caso do NPS, uma escala de 0 a 10. Entretanto, sabemos da prática acadêmica que escalas são sensíveis a pequenas mudanças de apresentação e mesmo do texto com que são apresentadas. Estas mudanças podem afetar o resultado da pesquisa. Muitas vezes, a escala da pesquisa NPS é apresentada como sendo de 1 a 10, em vez do original 0 a 10, por exemplo. Claramente isso pode afetar a análise que será feita. Outro exemplo é o de usar cores ou outras dicas para "ajudar" o cliente. Isso também afetará o resultado. Um terceiro exemplo é a tradução da pergunta. Algumas usam "você recomendaria?", outras usam "você indicaria?", o que pode dar resultados bem diferentes (Douglas & Nijssen, 2003).

---

5 Escalas, em geral de 5 a 7 pontos, com respostas balanceadas para escolher. Um exemplo: discordo totalmente, discordo, neutro, concordo, concordo totalmente.

FIGURA: **Representação de cartaz de mesa em uma concessionária de automóveis em São Paulo, *circa* 2012**

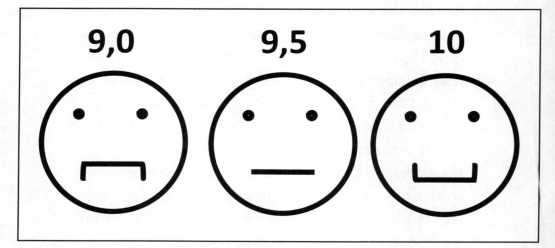

Fonte: Impressão artística do cartaz.

2. Pesquisas em geral (De Leeuw et al., 1996), e o NPS em particular, são muito sensíveis ao meio de coleta. Pergunte a qualquer gestor de CXM que tenha mudado o meio de coleta, por exemplo, de telefone para e-mail. O que se observa, em geral, é um grande decréscimo do NPS (aproximadamente 10 pontos em nossa experiência) e um grande aumento tanto no número como na qualidade de comentários. Dados coletados em totens ("opinômetros") tendem a ser mais positivos que dados coletados pela internet. O planejamento do mix de coleta e análise do mix deve ser parte integral da gestão de CXM.

3. O planejamento da amostra é parte essencial do seu sucesso. Neste caso, dois erros podem ocorrer:

   a. A amostra de respondentes é muito diferente da composição da população. Este é um problema conhecido como viés de não resposta. Se a parte que não responde à pesquisa representar um viés, teremos um problema. Em geral, mulheres respondem mais do que homens, ricos respondem mais do que pobres, aposentados respondem mais do que ativos. Se isto ocorrer, o gestor deve estar atento ou ao método de amostragem, ou aos modos de corrigir o problema (Barclay et al., 2002).

   b. Como o NPS e outras medidas são baseadas em amostragem, o correto é apresentar o resultado com uma margem de erro (Hair Jr. et al., 2010). A margem de erro leva em conta uma série de atributos, entre eles o tamanho da amostra. Isso pode impactar na tomada de decisão. Por exemplo, se o resultado do NPS está abaixo da meta, mas dentro da margem de erro[6,7], não podemos dizer com "certo grau de confiança" que o resultado foi abaixo da meta. Neste caso, a organização deve ou não pagar o bônus atrelado às metas de NPS? Uma discussão interessante.

---

6 *Para uma possível maneira de calcular a margem de erro do NPS, veja https://www.displayr. com/sample-sizes-for-net-promoter-score-nps/*

7 *Outra possível maneira de calcular a margem de erro, veja em https://www.genroe.com/ blog/how-to-calculate-margin-of-error-and-other-stats-for-nps/5994*

Reichheld (2011), falando com o foco específico de pesquisas tipo NPS, aponta para quatro tipos de vieses importantes:

1. Medo de retribuição: o receio que, ao dar uma nota baixa, o cliente seja penalizado em termos operacionais (menos descontos, piores preços, menor prioridade, ser confrontado pela pessoa responsável pelo atendimento, e outros incentivos). É preciso criar uma atmosfera de confidencialidade para combater este viés (veja exemplo do que não fazer na figura, que representa uma prática comum em uma organização de serviços automotivos).

2. Resposta perversa ao incentivo: ao colocar o CXM na avaliação e remuneração, pode haver incentivo para comportamentos de favorecimento ou mesmo vantagens oferecidas pelo pessoal de atendimento e experiência ao cliente. É preciso estabelecer uma cultura de tolerância zero a este tipo de prática.

3. Viés de amostragem, especialmente viés de não resposta: amplamente discutido anteriormente neste capítulo.

4. Inflação de nota: é comum que, ao não avaliarem com uma nota precisa, os clientes atribuam uma nota maior que a "verdadeira". Este mesmo efeito acontece muitas vezes com notas de professores. Uma das maneiras de minimizar é tentar extrair notas relativas, comparando a experiência com a experiência oferecida pelos competidores (conhecido como NPS competitivo ou nomes semelhantes).

O que fica de mensagem pode ser resumido em dois pontos. O primeiro, como já enfatizado, é que o gestor de CXM deve conhecer a lógica de CXM, suas alavancas e os comportamentos de seus indicadores. O segundo ponto é enfatizar a necessidade de algum conhecimento de pesquisa ou estatística para que as decisões sobre CXM sejam tomadas corretamente. Cabe ao gestor decidir se vai desenvolvê-las internamente ou se vai contratá-las no mercado.

ADENDO: OUTRAS FONTES DE DADOS PARA TOMADA DE DECISÃO

Além da pesquisa tipo *survey*, existem outras formas de pesquisa que podem ser utilizadas para coletar mais informações sobre a experiência, a jornada, os clientes e suas interações com elas. Em geral, programas de CXM mais maduros tendem a multiplicar suas formas de coleta para ter mais dados sobre as experiências. Algumas destas técnicas são:

- **Etnografia:** embora tenha surgido inicialmente para o estudo de culturas, o uso de etnografias em marketing e CXM tem crescido significativamente. A etnografia examina o comportamento dos participantes em situações sociais específicas tais como o consumo, e pode utilizar os participantes na interpretação deste comportamento. É um método baseado na observação tipicamente por longos períodos de tempo e focado na imersão em situações reais (Hammersley & Atkinson, 2007). A etnografia também permite uma melhor compreensão das narrativas dos participantes e de sua atribuição de sentido à experiência. A videoetnografia permite uma coleta de dados mais rica e uma possibilidade de interpretações mais profundas (Goldman et al., 2014).

- **Cliente oculto:** a técnica de *mystery shopper* foi uma das primeiras técnicas de coleta de dados sobre os processos e clientes de uma organização da década de 1940. Um avaliador treinado e incógnito, com base em um roteiro pré-elaborado, passa pela experiência e a analisa. A técnica pode ter duas vertentes: a primeira é voltada para o controle do processo e das etapas da jornada (*quality assurance*). Estas estão sendo cumpridas? A segunda é voltada para a coleta de percepções sobre a experiência. É possível também utilizar fotos e imagens como dados, mas com o risco de que um avaliador portando uma câmera se revele, deixando de ser "misterioso". Utilizando aplicativos, as organizações testam o uso de geolocalização e treinamento à distância para formar uma base mais variada de respondentes e não apenas os mesmos "viciados" em cliente oculto (Dutt et al., 2019; Mercurio & Fiesta, 2017)

- **Comunidades eletrônicas:** o uso de comunidades de usuários de um serviço ou marca que, através de uma comunidade própria (pense num "Facebook" de uma marca), são convidados a interagir entre si e com a marca de maneira constante. Este processo é facilitado ou por profissionais de pesquisa ou por softwares de inteligência artificial. Os proponentes das comunidades defendem que elas apresentam maior engajamento dentre outras formas de pesquisa (Ipsos, 2019). As comunidades podem ser usadas para:

- ▸ Cocriação e ideação de serviços.
- ▸ Verificação e discussão de jornadas (de compra e de uso).
- ▸ Análise de tendência.
- ▸ Coleta de *feedback* desestruturado.

ADENDO 2: DEVEMOS MEDIR A JORNADA EM TODOS OS *TOUCHPOINTS* (TRANSACIONAL) OU APENAS PARA JORNADA INTEIRA (RELACIONAL)?

Uma discussão que parece ter tomado o mundo do CXM é a discussão entre medir a experiência ao final de uma jornada completa ou medir a experiência a cada ponto de contato com o cliente. É uma discussão que ainda não está estabelecida, portanto com vantagens e desvantagens para cada lado.

Medir em cada ponto de contato é chamado de medida transacional (ou seja, a cada transação), enquanto medir ao longo de uma jornada é chamado de relacional, (ou seja, medir a força da relação). Com o advento da tecnologia e do aumento da facilidade de coleta de informações sobre a experiência, muitas organizações passaram a coletar estas informações em todo e qualquer ponto de contato. Reichheld também argumenta que o NPS pode ser implementado tanto em nível transacional como relacional (Reichheld, 2003)[8].

Quais são as vantagens de se coletar em todos os pontos de contato?

- Na agilidade: em teoria, se o cliente é perguntado em cada ponto, a resolução de problemas (capítulo 7) fica mais ágil, e os problemas são resolvidos com pouco tempo de ocorrido. Medidas relacionais tendem a coletar os problemas quando já é muito tarde para recuperar o cliente.

- Na facilidade de mapear os pontos da jornada em que a experiência não está ocorrendo de maneira satisfatória.

- No baixo custo de coleta, com ele acabam-se (teoricamente) as questões de amostragem, pois as perguntas são feitas para todos os clientes, em todos os pontos da jornada.

- Na relevância, caso a organização atribua metas para pontos de contato específicos.

---

8 Por vezes, o NPS transacional também é chamado de bottom-up, enquanto o relacional é chamado de top-down (Sauro, 2016).

Quais são as desvantagens de se coletar em todos os pontos de contato?

- O custo de análise se multiplica.

- Os questionamentos e se as escalas foram pensadas para todos os pontos de coleta. A maioria das organizações usa o NPS. A pergunta do NPS parece fazer mais sentido para perguntas relacionais. A pergunta "Depois de tirar o extrato, você nos recomendaria para um colega?" parece não fazer muito sentido[9]. É possível fazer esta inferência com base numa transação tão pequena?

- Ao se perguntar em cada ponto de contato, arrisca-se a aumentar o atrito ao longo da jornada. É quase um paradoxo: para medir a experiência, arrisca-se a piorá-la.

- Existe o risco de diminuir a taxa de resposta, fazendo com que a informação coletada tenha cada vez menos sentido e menor valor preditivo (menores taxa de resposta, maiores margens de erro).

- Provavelmente no número de pontos de contato muito maior do que se imagina. Lembremos a pesquisa do Google que nos apresentava centenas de pontos de contato (Gevelber, 2016). Desta forma, a escolha dos

---

9 *Agradeço à Lia Bonadio por ter ievantado este ponto.*

pontos de contato monitorados é representativa da jornada?

- No risco de uma avaliação errada do indicador. Como colocam Duncan e colaboradores, 90% de satisfação em 5 pontos de jornada significam que a mensuração da jornada completa será um número bem inferior (Duncan et al., 2016). Veja figura explicativa abaixo:

FIGURA: **O problema de se medir a experiência em cada ponto de contato**

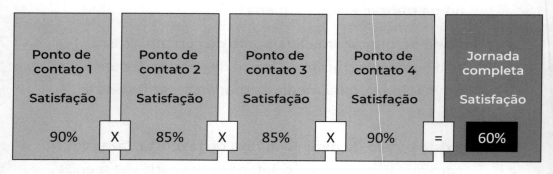

Fonte: Adaptado de Duncan et al. (2016).

Como se vê, a discussão está longe de ser resolvida. De um lado, a maioria das aplicações está utilizando o baixo custo da tecnologia para medir cada ponto de contato. Do outro, especialistas do calibre da McKinsey (Duncan et al., 2016) com argumentos consistentes sobre ter cuidado com a mensuração desenfreada. Mais uma vez cabe ao gestor tomar uma decisão baseado em sua realidade.

CASO FLEURY: COLOCANDO A MENSURAÇÃO DA EXPERIÊNCIA NO CENTRO DO NEGÓCIO

O Fleury é uma organização que tem longo histórico de preocupação com a experiência do cliente, mesmo quando a prática não tinha este nome. Vários são os relatos de que a cultura de atendimento começou com o fundador, Dr. Gastão Fleury da Silveira. Desde os áureos tempos, quando ainda funcionava no centro da cidade, a organização já se notabilizava pela disposição para acolher bem as pessoas.

Este esforço foi "modernizado" através da incorporação de técnicas modernas de gestão da experiência. Por exemplo, em 2016, o grupo foi eleito como a organização mais hospitaleira do Brasil. Desde 2018, o Fleury está trocando expertise em experiência do paciente com a *Cleveland Clinic*, referência mundial em experiência do paciente.

O caso Fleury é interessante pelo modo de utilizar os indicadores de experiência. Discutimos nos capítulos anteriores que uma das vantagens da implementação do CXM é a padronização de uma ou mais medidas de experiência em toda a organização. O Fleury utiliza o NPS, além de uma série de outras métricas de CXM. Mais interessante é que a divulgação do resultado do NPS da organização, ao contrário de outras organizações, é aberta, transparente e de conhecimento público. De fato, ele é publicado nos relatórios anuais. Pessoas com conhecimento afirmam que a transparência tem alguns racionais. Primeiro, ajuda a consolidar a cultura de experiência. Segundo, fortalece a medida oficial e, por fim, ajuda na argumentação com os analistas de mercado, que entendem que a estratégia da organização é de CX e, portanto, de longo prazo.

GRÁFICO: **NPS divulgado pelo Grupo Fleury**

NPS

Trimestre	NPS
4Q15	65%
1Q16	66%
2Q16	69%
3Q16	73%
4Q16	72%
1Q17	73%
2Q17	75%
3Q17	77%

Fonte: Adaptado dos relatórios anuais do Fleury. Números aproximados.

FONTES:

https://www.fleury.com.br/noticias/experiencia-do-paciente-a-busca-permanente--pela-excelencia

https://www.fleury.com.br/noticias/grupo-fleury-e-eleito-a-Organização-mais-hospitaleira-do-brasil

https://www.fleury.com.br/noticias/do-cafezinho-ao-atendimento-movel-revista--fleury-ed-36

http://ri.fleury.com.br/fleury/web/download_arquivos.asp?id_arquivo=62E5B8FB-0684-4224-A281-598C2F99BAD2

EM TERMOS PRÁTICOS:
10 PONTOS A SE CONSIDERAR SOBRE A MENSURAÇÃO DA EXPERIÊNCIA

1. Dificilmente o gestor tem a liberdade de escolher o melhor dos mundos. Tenha suas restrições de recursos em mente ao montar seu processo de mensuração.

2. Sempre comece fácil. Adicione complexidade ao desenvolver as competências de mensuração, de análise e de resolução de problemas. Por exemplo, de nada adianta incorporar novas métricas se as competências de análise não estão de acordo.

3. Domine as suas métricas. Há vários gestores que não sabem de onde vieram as métricas, para que servem e quais as vantagens e desvantagens de cada uma delas.

4. Um composto de métricas parece dar mais resultados do que apenas uma métrica de experiência. Entretanto, aumenta o custo e a complexidade da análise. Compete a cada gestor entender o melhor mix para sua organização.

5. O CXM exige capacitação na coleta e interpretação de pesquisas. Não subestime este fator. Conheça seu processo de mensuração em profundidade, especialmente as questões de amostragem e mix de coleta.

CUSTOMER EXPERIENCE MANAGEMENT ————————————————

6. O viés de não resposta é o "calcanhar de Aquiles" de muitas pesquisas.

7. Capacite-se para convencer que os indicadores de pesquisa "necessitam" de uma margem de erro. Será uma batalha difícil, mas é a coisa "correta a fazer".

8. A decisão sobre a mensuração da experiência em cada ponto de contato está longe de ser resolvida. A medição em cada ponto adiciona custo, complexidade e dificuldade de mensuração. Leve isso em conta.

9. Sempre que possível, use outras formas de pesquisa que não seja o tipo *survey*. Você terá dados mais ricos, mas será mais complexo interpretá-los.

10. A capacidade de interpretação de pesquisas pode ser terceirizada. Existe abundância de estatísticos querendo contribuir com as organizações. Entretanto, esta abundância pode acabar em função da transformação digital.

CAPÍTULO 6

A culpa pode não ser dos funcionários: desenvolvendo a força de trabalho para CX

A gestão da experiência (ainda) é eminentemente uma tarefa dependente de pessoas. Mesmo com os avanços em automação e *Big Data*, ainda se espera que o componente "pessoas" seja fundamental no sucesso de CXM (Reichheld & Markey, 2011). Para exemplificar, o fundador de uma das organizações dos predecessores de CXM e líder em qualidade de serviços, Eiji Toyoda (Toyota), disse:

"As *pessoas* são os ativos mais importantes da Toyota e o determinante de sucesso ou de queda desta organização."[1]

A realidade é que a grande maioria das organizações, em face às mudanças de um programa de CXM, vai precisar repensar as competências necessárias para o sucesso do negócio e fazer um diagnóstico das lacunas existentes. A *Customer Experience Professionals Association* (CXPA) sugere uma série de competências organizacionais necessárias para o sucesso da gestão da experiência.

TABELA: **Competências necessárias para o profissional de CX e onde são tratadas neste livro**

COMPETÊNCIA	DESCRIÇÃO	NESTE LIVRO
Cultura voltada ao cliente, lógica de CX	Ter uma organização arranjada a partir do cliente.	Capítulos 1, 2 e 3
Gestão da mudança em CX	Garantir a adoção do Programa de CXM pela organização	Capítulo 3
Estratégia de CX	Traçar uma visão e estratégia de CX futura.	Capítulos 3 e 4
Desenho e melhoria de experiência.	Experiência ideal, resolver as causas de problema.	Capítulos 4 e 6
Métricas e ROI	Entender as métricas e a pesquisa.	Capítulos 2 e 5

Fonte: Adaptado de CXPA (2019).

---

1 *https://blog.gembaacademy.com/2013/09/20/the_man_who_saved_kaizen/*

Dada a necessidade de novas e/ou melhores competências, é imperativo que as organizações façam ajustes em seus sistemas de pessoas. O primeiro passo é remodelar seleção e treinamento para que as competências corretas sejam "adquiridas". Não é incomum que as organizações não tenham pleno domínio das características que procuram nos indivíduos e das características que façam com que estes candidatos se tornem funcionários de alto desempenho (Schmidt & Hunter, 1998; Thomas & Scroggins, 2006). É necessário, então, que se reveja a definição das competências, as ferramentas, os testes e questionários que serão (e como serão) aplicados no recrutamento e na seleção.

Será também necessário que o sistema de treinamento seja repensado para o foco (ou um dos focos) em CXM. Além das competências listadas na tabela de competências de profissionais de CX neste capítulo, é importante entender que o desempenho de serviços muitas vezes pode se aproximar ao desenrolar de um *script* em uma peça de teatro (Frei & Morriss, 2013). Um bom exemplo é o conceito que os parques da Disney utilizam de *Every Role is a Starring Role* (todo papel é um papel de ator principal). Grosso modo, todos os funcionários (chamados de *cast members*) devem estar preparados para desempenhar um papel de encantamento. Além das características comportamentais, estes colaboradores também devem saber os papéis específicos a serem desempenhados em certas situações, como decorar o papel (Capodagli & Jackson, 2016; The Disney Institute & Kinni, 2011). Não é incomum os visitantes dos parques relatarem que ficaram maravilhados ao verem os varredores da Disney desenharem a silhueta do Mickey no chão, usando suas vassouras e um pouco de água. O momento de encantamento acontece e os clientes (*guests*) ficam maravilhados. Uma pequena pesquisa na internet mostra que a performance, num sentido teatral, é insistentemente treinada (Vantasy, 2014).

Finalmente vamos pensar na questão do treinamento dos clientes. Segundo Frei (2006), toda prestação de serviço tem um recurso participante, sem as habilidades necessárias e mal (não) pago: o próprio cliente. Os clientes influenciam no sucesso ou no fracasso da prestação de serviços, pois muitas vezes são parte do processo e muitas vezes a prestação de serviço depende deles (clientes). Uma das maneiras de melhorar o desempenho operacional e a satisfação dos clientes é treiná-los para que desempenhem seu papel de forma a influenciar positivamente o serviço (tempo de chegada, preparação prévia, esforço necessário, entre outros). A área de pessoas, o "especialista interno" em treinamento e aquisição de competências, pode ser um parceiro-chave na elaboração do treinamento dos clientes.

ENGAJAMENTO DE COLABORADORES

A evidência disponível mostra que além das competências, o engajamento dos colaboradores é parte essencial do sucesso de um programa de CXM (Gonring, 2008). Um exemplo de evidência vem do Instituto Gallup, que mensurou que as organizações no *Top 25%* em medidas de engajamento de colaboradores tiveram um desempenho 10% superior em termos de satisfação dos clientes, além taxas de absenteísmo 37% menores e entre 25% e 65% menores taxas de *turnover*. Note-se que baixas taxas de absenteísmo e *turnover* são essenciais para uma boa experiência, quer em termos de capacidade de serviços, quer em termos de colaboradores adequadamente treinados. O *Temkin Group*, consultoria em experiência do cliente adquirida pela fabricante de Software de CXM Qualtrics, em 2018, aponta que, em organizações líderes em experiência, o engajamento dos colaboradores parece ser 2,5 vezes maior do que em organizações que não se destacam em CXM; que a liderança de organizações líderes em CXM prioriza, duas vezes mais, o retorno das pesquisas de engajamento.

A definição do que é engajamento ainda está longe da convergência. Mesmo na academia, a definição de engajamento ainda está sob discussão. Uma primeira questão, ainda não totalmente respondida, é se o conceito de engajamento difere substancialmente do antigo conceito de satisfação com o emprego ou é apenas uma melhora incremental do conceito anterior (Wollard & Shuck, 2011). A definição de engajamento mais citada na academia parece ser a de Macey & Schneider (2008), cujos componentes são apresentados na tabela abaixo. Grosso modo, o modelo de Macey & Schneider tem três blocos: um mais voltado à personalidade e visão de vida (pessoa), um segundo ligado ao envolvimento com a organização e um terceiro diretamente ligado ao comportamento proativo e expansão dos papéis organizacionais, ou seja, engajamento.

CUSTOMER EXPERIENCE MANAGEMENT

TABELA: **Blocos e dimensões de engajamento dos colaboradores**

BLOCO	DEFINIÇÃO	COMENTÁRIO
Engajamento (personalidade)	Visão positiva de trabalho e da vida.	O nível básico de engajamento na vida e nas atividades.
Engajamento (estado)	Sentimento de energia e pertencimento.	Nível ligado ao estado de satisfação e de envolvimento.
Engajamento (comportamento)	Comportamento ligado ao trabalho extraordinário.	Nível ligado à expansão dos papéis (esforço extra) na organização e do comportamento proativo.

Fonte: Adaptado de Macey & Schneider (2008).

Dado que o engajamento está ligado à experiência, recomenda-se que este seja um dos indicadores essenciais de qualquer programa de gestão da experiência do cliente. Infelizmente, como as definições do construto ainda estão em discussão, diversas medidas são utilizadas no mercado. Abaixo as definições de engajamento de diversos fornecedores:

TABELA: **Dimensões de diversas escalas de engajamento do colaborador**

FORNECEDOR	DIMENSÕES
Gallup Q12	Necessidades básicas, suporte dos gestores, pertencimento e oportunidades de crescimento.
Ipsos	Lealdade, envolvimento e alinhamento do colaborador.
Aon	Colaboradores recomendam a organização, externalizam o desejo de pertencer à organização e colaboradores comumente desempenham esforço extra.
Bain eNPS[2]	Qual a probabilidade de você recomendar esta organização para um amigo ou um colega? 0-6 = Detrator 7-8 = Passivos 9-10 = Promotores

Fontes: Websites corporativos.

Qual destas medidas de engajamento a organização deve escolher? Da mesma maneira que escolher os indicadores de experiência, o ideal seria a organização testar qual o indicador de engajamento que está ligado a uma melhor experiência, em seu caso específico. Em muitos casos, este teste será impossível de ser operacionalizado. O Gallup Q12 assemelha-se mais com o antigo conceito de satisfação do colaborador do que com o novo conceito de engajamento (Wollard & Shuck, 2011). As escalas da Ipsos e da Aon, embora não sejam exatamente iguais à escala de Macey & Schneider (2008), parecem ser próximas o

---

2 *eNPS = Employee NPS.*

suficiente. Já a escala do eNPS é de difícil recomendação. Provavelmente, o eNPS será a escala de mais fácil aplicação para organizações que já estão rodando um programa de CXM e tenham optado pelo NPS como uma das métricas de experiência. Por outro lado, é muito difícil que uma escala que meça um construto possa ser aplicada sem adaptação em outro construto. Lembrando, a lógica original do NPS é que a recomendação levará a um crescimento de receitas futuras, através do crescimento de CLV. Essa lógica é dissonante do construto de engajamento (Davies, 2018). Outro ponto importante é que, embora algumas escalas usem a recomendação com um dos componentes de engajamento, apenas este componente (recomendação) não será provavelmente suficiente para medir engajamento como um todo (Davies, 2018).

Uma última recomendação se relaciona com a frequência de coleta deste indicador. Tipicamente, os melhores indicadores são aqueles cuja frequência de coleta é alta (Kallás & Caldeira, 2019). Infelizmente, a coleta das medidas de engajamento tende a ser feita de maneira anual pelas organizações. Dada a importância do engajamento para o CXM, recomenda-se que a frequência seja aumentada. Algumas organizações tentam realizar coletas da pesquisa de maneira constante, mas isso pode potencialmente levar a menores taxas de resposta. Por exemplo, a John Deere tem mensuração a cada duas semanas (Power, 2016). Outra opção é fazer amostragens menores e de maneira rotativa (Bain, 2019).

EXPERIÊNCIA DO COLABORADOR

Graças à importância dos colaboradores para o sucesso da experiência do cliente, vários artigos já antecipavam que o "tratamento" dispensado aos colaboradores seria parte essencial do CXM (Harris, 2007). Como a gestão da experiência já tinha uma série de ferramentas para aplicação com o foco externo, nos clientes, nada mais natural que usar estas ferramentas para o ambiente interno (os colaboradores). É difícil dizer quem cunhou o termo, mas uma das primeiras citações de *Employee Experience Management* é do artigo de Abhari (2008), professor da Universidade de San Diego. Evidências mostram que as organizações com boas experiências para os colaboradores podem dobrar o NPS (Dery & Sebastian, 2017). Como muitas das organizações já dispunham de ferramentas para desenhar boas experiências para os clientes (Yohn, 2016), a ideia da gestão da experiência do colaborador caiu nas graças das organizações de serviço e das suas respectivas diretorias de pessoas, rapidamente. A Staffbase reporta que o número de cargos no LinkedIn relacionados à *Employee Experience* (EE) cresceu em 2017 perto de 50%. Sua estimativa para 2018 era do dobro do crescimento (Grover, 2018). Uma pesquisa da Deloitte em 2017 apontou que a *Employee Experience* (EE) era importante ou muito importante para 80% dos executivos entrevistados. Ao mesmo tempo, apenas 22% destes executivos consideravam que a experiência proporcionada por suas organizações para os colaboradores era excelente, e cerca de 60% deles apontavam que ainda não estavam prontos para começar a gestão da experiência do colaborador (Bersin et al., 2017). Segundo esta mesma pesquisa, Brasil, China e Índia eram os locais mais preocupados com a EE.

TABELA: **Quantidade de respondentes que disseram que Employee Experience é importante ou muito importante**

PAÍS	%	PAÍS	%
Brasil	93	Austrália	85
Índia	89	Reino Unido	84
China	88	México	83
EUA	85	África do Sul	83

Fonte: Bersin et al. (2017).

Uma possível explicação para a velocidade da adoção das ferramentas de gestão de experiência para a EE parece ser a de que, em média, as experiências dos colaboradores eram muito ruins e assim os ganhos eram grandes e imediatos. Como exemplo, é só considerarmos a jornada de *onboarding* (entrada) em uma organização. De forma geral, um novo colaborador pode encontrar a seguinte situação hipotética (mas nem tanto):

- É obrigado a ir seguidas vezes até a organização para entregar documentos.

- Tem de preencher cerca de dez ou doze fichas de cadastro diferentes.

- Em seu primeiro dia, vai ficar retido na portaria, pois seu cadastro não terá sido efetuado.

- Em alguns casos, não vai encontrar uma posição de trabalho à disposição.

- Seu superior direto pode estar de férias, podendo este colaborador ficar sem supervisão por 15 dias.

- Deve passar de duas a quatro horas fazendo exames admissionais.

- Seu crachá deve chegar em aproximadamente 7 dias, diminuindo, deste modo, a sua produtividade.

- Seu computador de trabalho deve chegar de 10 a 15 dias após sua admissão, afetando também sua produtividade.

- Suas senhas de acesso podem demorar ainda mais.

Obviamente, esta experiência está muito longe do mínimo aceitável para um novo colaborador. Por que, então, as organizações esperam que os colaboradores sujeitos a este tipo de tratamento estejam engajados? Se a primeira impressão é a que fica, a maioria das organizações começa com o pé esquerdo.

Em uma entrevista recente que fizemos, um executivo de uma grande organização do setor financeiro corroborou estes números. O número de formulários a serem preenchidos era 12. O número médio de dias até a chegada do computador era de 25 a 30 dias. É fácil calcular as perdas de produtividade relacionadas à demora em que os colaboradores enfrentam até estarem totalmente produtivos. De fato, muitas organizações podem melhorar uma série de jornadas de sua EE:

TABELA: **Situações de atrito comuns na jornada do colaborador**

ETAPAS DA JORNADA	PONTOS DE ATRITO COMUNS
Seleção	Falta de orientação, falta de retorno quando da não contratação, despreparo dos entrevistadores.
Onboarding	Falta de orientação, múltiplos formulários e documentos, exames admissionais com deslocamento, falta de preparo ao receber o novo colaborador, falta de material.
Treinamento	Treinamentos de integração que não auxiliam o desempenho, demora na realização treinamentos necessários.
Suporte à entrada em operação	Entrada em operação sem o preparo necessário, entrada em operação sem mentoria.
Gestão de desempenho	Falta de gestão de desempenho individual, falta de clareza nos critérios de evolução na carreira, falta de clareza nos critérios de promoção.
Desligamento	Desligamento impessoal, falta de suporte para lidar com as consequências do desligamento.

Fonte: Observações e entrevistas do autor.

MINICASO:
DESLIGAMENTO NA MCKINSEY

Mesmo a etapa de desligamento passa a ser importante quando se considera a jornada do colaborador como um todo. A McKinsey, considerada uma das mais prestigiosas organizações de consultoria, tem especial cuidado no quesito desligamento. Alguns até argumentam que o desligamento faz parte do modelo de negócios.

A lógica é simples: a maioria dos funcionários que saem da organização acabam chegando em suas carreiras ao *C-Suite*, CEOs, CFOs e afins. Muitas vezes a McKinsey é chamada de fábrica de CEOs (McDonald, 2013). Naturalmente, estes são os profissionais que serão os influenciadores na compra de serviços de consultoria destas grandes organizações. Desta maneira, no sistema de carreira da McKinsey o momento do desligamento tem grande importância. Desde os primeiros dias, o colaborador já entende que a maioria dos consultores não se tornará sócio. O processo de avaliação tenta ser o mais transparente possível. Existe grande base de apoio quando do desligamento, com serviços de planejamento e suporte para a recolocação do colaborador. É essencial que este futuro comprador de serviços de consultoria saia um promotor da organização. A rede *alumni* é parte essencial do modelo de negócios da McKinsey (Burkus, 2016).

MINICASO:
GESTÃO DA JORNADA DO COLABORADOR NO ITAÚ

Uma das primeiras organizações brasileiras a adotar o conceito de experiência do colaborador de forma ampla foi o Itaú. A lógica da transformação da área de pessoas segue três pilares: cultura, propósito e experiência do colaborador (Carvalho, 2018). Entre algumas ações já realizadas pelo banco, estão:

1. A importância de propósito e experiência na disputa por talentos. Segundo Fabio Armani, superintendente de RH do Itaú:

"Hoje não perdemos a disputa pelos melhores talentos apenas para nossos concorrentes, mas para qualquer organização que ofereça uma experiência interessante. O Google, por exemplo, é uma organização que já nasceu com um propósito e tem uma experiência muito diferenciada... Se nosso propósito é estimular o poder de transformação dos colaboradores, a experiência deles passa a ser uma coisa relevante para a gente." (Dynargie, 2018)

2. Melhoria na jornada do colaborador. Ao estudar a jornada, o banco estabeleceu uma série de melhorias. Entre elas se destacam as melhorias no *onboarding*. Segundo Armani:

"Notamos que as organizações investem muito em experiência do cliente, mas acabam pensando menos no colaborador... Analisamos o que cada um pensava sobre o dia a dia no trabalho. Se o ambiente é propício para a colaboração e se todos tem as ferramentas adequadas... Hoje nossos clientes podem abrir uma conta facilmente pelo celular. Por que não tornar mais fácil também o primeiro contato do colaborador? Para isso, tudo ficou mais ágil: ele recebe seus equipamentos no primeiro dia, preenche formulários simplificados e recebe um guia de recepção." (Carvalho, 2018)

ORGANIZANDO A GESTÃO DE EXPERIÊNCIAS

Discutiu-se as melhores práticas para que o programa de CXM fosse bem-sucedido no capítulo 3. Ainda que muitas organizações estejam discutindo mudar o conceito de áreas funcionais para um desenho mais voltado a projetos (Bersin et al., 2017), é comum que, depois de algum tempo rodando como um projeto, a função de gestão da experiência seja repensada como uma "área da organização". Para isso, há na literatura um modelo proposto por Edelman & Singer (2015), conforme a figura adaptada abaixo:

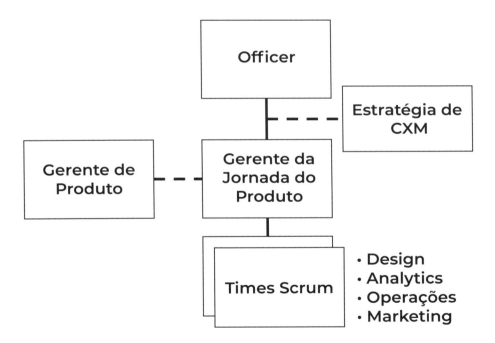

Fontes: Adaptado de dados de Edelman & Singer (2015).

É indispensável salientar que Edelman & Singer são da McKinsey, organização que foca muito de sua metodologia na gestão da jornada (em contraposição à gestão da experiência). Assim, a proposição destes autores segue uma linha que mistura jornada e experiência. Dos pontos específicos importantes na proposição, podemos citar:

- A existência de um CXO ou Chief Experience Officer (Yohn, 2019). A existência do CXO, de certa maneira, entra na já comentada discussão se o marketing vai virar experiência ou não (capítulo 1). Embora algumas organizações tenham seguido a tendência de ter um CXO, ainda é cedo para dizer se é realmente uma tendência. Um exemplo corrente é o da Claro Brasil, que tem um CXO e uma área de experiência, desde a data da escrita deste manuscrito (2019). Aparentemente, a Claro também mantém um diretor de marketing. A própria presença de um gerente de produto, ao lado do gerente de jornada, deixa implícita a existência da área de marketing no modelo de Edelman & Singer. Para efeitos de comparação, no LinkedIn a busca por CXO volta cerca de 5 mil registros. A de CMO, três vezes mais (15 mil).

- A necessidade de pensar a estratégia de CX. Como argumentado no capítulo 3, existem várias estratégias e posicionamentos possíveis em CX. Simplesmente ter apenas "caixinhas" pensando "apenas" na operação de CXM parece insuficiente.

- A existência do gerente de jornadas. Como comentado, a visão da McKinsey é bem centrada em jornadas.

Outros modelos possíveis para a área são baseados na existência de gerentes de experiência de diferentes segmentos ou unidades de negócio.

- Abaixo do nível gerencial, um desenho de "redes de times". Segundo Bersin et al. (2017), uma das tendências é que os times funcionais sejam gradativamente substituídos por redes de times. No exemplo acima, de times *Scrum* (ou mesmo, metodologia de Squads), multifuncionais, com diferentes competências para lidar com os problemas que serão resolvidos por estes times.

EM TERMOS PRÁTICOS:
10 PONTOS A SE CONSIDERAR
SOBRE PESSOAS E CXM

1. Pessoas são importantes para o sucesso de serviço. Mesmo com a automação é possível que continuem importantes por um bom tempo.

2. A implementação de novas competências pode ser necessária no caso de um programa de CXM. Discuta e desenvolva um mapa destas competências.

3. Não é somente o treinamento que pode ser utilizado para o desenvolvimento. O alinhamento entre seleção e avaliação de desempenho é importante. De nada

adianta continuar contratando colaboradores sem as competências necessárias. E nem perder injustamente os que as têm.

4. Escalas são importantes. Entenda as medidas de engajamento existentes e escolha a melhor para sua organização.

5. Entenda a contradição ao pedir que colaboradores ofereçam uma boa jornada, enquanto a sua jornada não é a ideal.

6. A maioria das organizações parece aperfeiçoar a *Employee Experience* (EE) pelo *onboarding*. Será o caso de sua organização? Priorize com base na sua realidade.

7. Uma boa justificativa para os programas da EE são os ganhos de produtividade. Aprenda a demonstrar e calculá-la se necessário.

8. O programa da EE também pode ajudar na luta por talentos, especialmente no caso de organizações tradicionais que disputam talentos com *startups*.

9. Muitas organizações estão adotando o cargo de CXO assim como uma área de experiência. Discuta qual deve ser o melhor desenho para suas competências de CXM quando o programa se tornar uma prática importante.

10. A natureza multidisciplinar de CXM favoreceria um design de uma organização mais "plana" e de times, tal qual o Scrum.

CAPÍTULO 7

Haverá problemas na experiência: criando um sistema para gerenciá-los

A maioria dos livros-texto é consistente em definir duas características básicas de um serviço. A primeira é a intangibilidade. Serviços não podem ser estocados para uso futuro. Muitas vezes, o usuário não terá experiências memoráveis em função da intangibilidade do serviço (Zeithaml et al., 2014). A segunda é a inconsistência ou a variabilidade. Uma série de características da prestação de serviços leva a uma maior variabilidade, em comparação com a manufatura de produtos. Algumas das características que conferem variabilidade aos serviços estão assinaladas na tabela seguinte:

TABELA: Características contribuintes para a variabilidade de serviços

CARACTERÍSTICA	COMENTÁRIO/EXEMPLOS
Localização	Variedade no local de prestação de serviços leva à variabilidade. Por exemplo, lojas com *layout* diferente podem ter experiências diferentes.
Tempo	O horário de prestação de serviços interfere na variabilidade.
Circunstâncias e condições	Pense numa corrida de táxi em diversas condições. Haverá grande variabilidade no resultado de prestação de serviços.
Fator humano (Prestadores)	As características humanas acabam contribuindo para a variabilidade dos serviços. Mesmo com recente tendência de automação de serviços, a presença humana ainda será uma constante em grande parte deles.
Fator humano (Provedores)	Uma característica marcante dos serviços é a necessidade de participação dos clientes. O cliente, em geral, não está treinado ou consciente de sua participação (necessária) para o sucesso da prestação de serviço.

Fonte: Adaptado de Zeithaml et al. (2014) e Frei & Morriss (2013).

Estas "sacadas" de Frei & Morriss sobre a influência do fator humano nos problemas em serviços são tão interessantes que vale usar alguns parágrafos para discuti-las. Frei & Morriss (2013) investem um bom tempo em dois pontos sobre o fator humano nos erros de serviço. Primeiramente, antes de culpabilizar funcionários, veja se o *design* do serviço permite que ele seja executado por este colaborador. É um serviço impossível de ser feito mesmo por um "super-homem"? É um serviço passível de ser entregue por alguém com o nível de competências que estamos empregando? Já testemunhei muita análise de problemas em serviço que peca por este viés. Mesmo que a solução proposta no geral seja mais treinamento, a solução ideal deveria consistir na reformulação do serviço e da experiência. Investir no treinamento é perpetuar o erro.

O segundo ponto se refere aos clientes como uma grande fonte de variabilidade nos serviços. Como colocam Frei & Morriss (2013), os clientes são participantes da entrega do serviço, mas estão destreinados e desmotivados, por vezes não possuindo as competências necessárias. A tabela a seguir mostra algumas fontes de variabilidade em serviços impostas pelos clientes.

TABELA: **Fontes de variabilidade introduzida pelo cliente**

TIPO	COMPORTAMENTO DO CLIENTE	COMENTÁRIO / EXEMPLO
Chegada	Não quer serviços no tempo conveniente para si e para a organização.	Filas nos caixas nos horários de pico. Clientes que dão *no-show*.
Pedidos	Faz pedidos que aumentam a variabilidade de serviços.	Variação de serviços e entregas em hotéis e bares.
Competências	Não tem as habilidades para executar sua parte do serviço.	Serviços que dependem parcialmente do diagnóstico do cliente (serviços de automóvel).
Esforço	Não necessariamente tem a energia necessária para executar sua parte do serviço.	Retornar o patinete compartilhado para o local adequado.
Subjetividade de julgamento	Tem diferentes entendimentos do que é um bom serviço.	Um cliente adora o tempero. Outro o acha intragável.

Fonte: Adaptado de Frei (2006).

A variabilidade imposta pelos clientes tem uma solução óbvia, porém surpreendente. As organizações precisam selecionar, educar e treinar os clientes caso desejem diminuir algumas variabilidades indesejadas. O capítulo sobre suporte tecnológico e analítico tratará disso detalhadamente, ao apresentar alguns tópicos do uso de ciência comportamental em CXM.

A grande questão sobre a variabilidade de serviços tem sido um importante desafio para os gestores de serviços e experiência há décadas (Parasuraman et al., 1988). Em especial, porque as consequências de uma má experiência podem ser custosas para as organizações. Cerca de metade dos clientes vai diminuir ou cessar os negócios com a organização após uma única má experiência.

Fonte: Adaptado de Temkin (2018) (n=7707).

Por outro lado, um bom sistema de resolução de problemas ou de recuperação em serviços pode aumentar a satisfação, aumentar a intenção de compras futuras e a recomendação (Maxham III, 2001). Para lidar com estes problemas, assim como a variabilidade, é imprescindível que as organizações tenham um sistema de resolução de problemas, ou, como ficou mais conhecido em CXM, um sistema para "fechar o ciclo" (*Close the Loop* ou CTL) (Damais & Sant, 2016b; Markey et al., 2009). As diferentes metodologias de CXM têm pequenas variações no tratamento do CLT. Sugerimos a utilização de Zeithaml e colaboradores (2014), que propõem uma metodologia em dupla espiral: uma espiral (processo) para "resolver (apaziguar) o *cliente*", e outra para resolver a *causa* do *problema*.

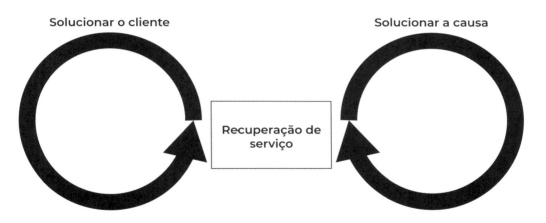

Fonte: Adaptado de Zeithaml et al. (2014).

O *loop* da esquerda refere-se a "resolver (apaziguar) o cliente", ou seja, tratar de maneira objetiva os clientes que não ficaram satisfeitos com o serviço recebido. As evidências trazem algumas orientações de como desenvolver este processo.

A princípio, a velocidade importa. Estudos mostram que, se a solução ou o contato da organização demora demais, a tratativa será ineficiente e o cliente provavelmente não será recuperado. Zeithaml e colaboradores (2014) citam o limite de 24 horas do incidente para que a tratativa tenha mais sucesso de recuperar o cliente. A Ipsos, por exemplo, recomenda que o sistema de gestão da experiência já esteja automatizado e que, em caso de avaliação negativa, um aviso seja disparado imediatamente para o supervisor responsável (Ipsos, 2016). É a mesma lógica de se colocar a captura do NPS no caixa da loja. Embora seja um momento desvantajoso em termos de emoção[1] (capturar a opinião na hora do pagamento), é uma tática de tentar resolver o problema ainda na loja. O correto seria que um cliente que deu nota baixa fosse imediatamente "tratado". Isso nem sempre acontece.

GRÁFICO: **Satisfação com as ações de recuperação vs. tempo da ação**

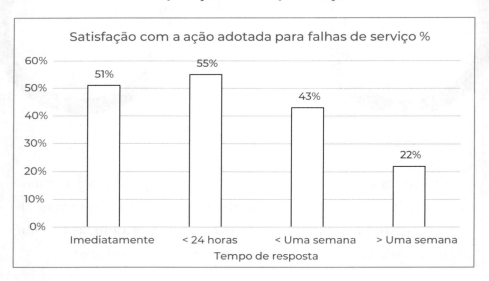

Fonte: Adaptado de dados de Zeithaml et al. (2014).

---

1 Veja mais sobre experiência e emoção no capítulo 8.

Tamanha é a preocupação com a velocidade que algumas organizações focadas em CXM já estão antecipando uma possível reclamação. Recentemente este que vos fala recebeu a comunicação reproduzida na figura abaixo, cerca de 30 minutos depois de receber a encomenda. Um verdadeiro processo de antecipação de futuras reclamações, quase uma velocidade "negativa" de resposta.

FIGURA: **Diminuindo o tempo de captura de uma reclamação**

Fonte: Concepção artística da mensagem recebida.

Outro fator de sucesso na solução de problemas dos clientes é a necessidade de priorização. Contatar estes clientes trará custo. Em épocas de pico de movimento pode ser operacionalmente complicado. Devo ligar para todos os detratores? Ou apenas para quem deu zero? E para quem deu zero, um e dois? Aqui haverá a necessidade do uso da inteligência analítica para encontrar a melhor relação entre custo e chance de recuperação.

É relevante considerar o conjunto de fatores que recuperam clientes. O fator preponderante parece ser a percepção de justiça, que está relacionada com:

1. Justiça de resultados, i.e., o senso de justiça com o obtido com uma reclamação.

2. Justiça de processo, ou seja, percepção sobre o processo de recuperação.

3. Justiça de interação, ou seja, o tom do tratamento recebido (Tax et al., 1998; Tax & Brown, 1998).

Finalmente, artigos recentes abordam as competências necessárias para executar o *loop* de "resolver (apaziguar) o cliente" de forma eficaz. Ter colaboradores com conhecimento profundo sobre a sua organização e sobre a gama de serviços oferecida por ela é considerada pelos clientes uma característica essencial para uma boa experiência (PWC, 2019). Dixon e colaboradores (2017) demonstram que a característica mais importante para o processo de "resolver o cliente" é que os colaboradores tenham competências em resolução de problemas. Entretanto, na amostra para o artigo de Dixon, a maioria dos colaboradores que ocupavam essas funções nas organizações eram do tipo empáticos. Os empáticos não foram tão eficientes em oferecer uma resolução satisfatória.

É importante que o processo de recuperação do cliente tenha comunicação constante até o fim, aumentando a chance: de recuperação, de satisfação e de indicação (Maxham III, 2001). A prática parece recomendar inclusive um *follow-up* algum tempo após a recuperação. Recentemente, testemunhei um caso curioso: o cliente teve diversos problemas em liberar os patinetes elétricos, tendo de pedir vários reembolsos. Numa discussão recente sobre o futuro deste meio de transporte, este ex-cliente foi enfático: disse que nunca mais usaria patinetes porque não recebeu o dinheiro de volta. Alguém sugeriu que o dinheiro deveria ter sido reembolsado, pois enfrentou a mesma situação. O ex-cliente checou, e lá estavam os reembolsos. Note que, pelo simples fato de não haver avisos sobre os reembolsos, a percepção sobre a organização passou de uma possível recuperação de serviços para uma situação de *churn*. A lição: recuperação do cliente necessita de contato constante.

MINICASO: AUTOMAÇÃO DA RECUPERAÇÃO EM COMPANHIA ÁREA

Recentemente, recebi o seguinte e-mail de uma companhia área:

"Vimos que você voou o trecho XXX e não o pontuou. Clique no link abaixo para entrar no sistema YYY e pontuar."

Houve um entusiasmo inicial. Uma empresa tentando melhorar a sua experiência através de automação. Que bom!

Mas segundos depois caiu a ficha. Se eles sabem que eu não pontuei, por que não pontuaram para mim? O encantamento transformou-se em decepção.

É difícil dizer, mas podemos traçar algumas hipóteses sobre o desenho da experiência:

- Desenho "incompetente" da jornada.

- Medo de aumentar os custos de pontuação, já que hoje nem todos pontuam.

As lições aqui parecem ser duas. Na primeira, o gestor de CXM constantemente terá que enfrentar decisões conflitantes entre experiência e custo. Ter uma visão clara de CX, conforme citado no capítulo 3, ajuda muito. Na segunda: ao fazer a recuperação de uma experiência imperfeita, vá até o fim. Meia recuperação pode ter um gosto amargo.

Já o *loop* da direita da figura refere-se à resolução das causas estruturais para que estas reclamações ou estas falhas de serviço deixem de ocorrer. Quase toda "metodologia" de CXM foca na resolução dos problemas estruturais como uma parte essencial de CXM (Damais & Sant, 2016b; Markey et al., 2009).

A metodologia mais adequada para a resolução do problema (falha na oferta ou no serviço) vai depender da natureza do problema. Para problemas menos estruturados (*wicked problems*) (Buchanan, 1992) ou problemas que requeiram um redesenho da jornada, provavelmente a melhor escolha é o *design thinking*[2].

---

2 Para uma melhor explicação da metodologia, reveja o capítulo 4.

Para problemas conhecidos, específicos, ou que estejam relacionados com variações de processo, uma metodologia de resolução de problemas é a recomendada. Embora existam várias metodologias de resolução de problemas (Campos, 2004; Damais & Sant, 2016b; Markey et al., 2009; Sobek II & Smalley, 2008), todas possuem fundamentos semelhantes. Optaremos por detalhar a metodologia do *QC Story* (*Quality Control Storyboard*) ou MASP (Metodologia de Análise e Solução de Problemas) (Campos, 1992). O MASP pode ser visto como um detalhamento do método PDCA (*plan-do-check-act*) (Campos, 1992).

TABELA: **Etapas do MASP**

(Metodologia de Análise e Solução de Problemas)

CICLO	ETAPAS	AÇÃO	COMENTÁRIO
P	1 Identificação do problema	1a) Identificação de prioridades	Escolher os problemas baseados no contexto e no planejamento estratégico global da organização.
		1b) Identificação e definição do problema	O problema está corretamente definido? Este realmente é o problema? O problema está definido por seus sintomas? O problema não está definido como uma solução?
		1c) Estabelecimento de meta geral	Estabelecer uma meta geral baseada no histórico, *benchmarks*, plano estratégico, complexidade do problema e capacidade de gestão de projetos.
	2 Observação ou análise do fenômeno (análise do problema)	Estratificação do problema	Desdobrar (estratificar) o problema em problemas menores, de modo a priorizar e acelerar as análises. Observar os problemas *in loco*. A estratificação não exige competências em colocação de hipóteses.

CICLO	ETAPAS	AÇÃO	COMENTÁRIO
P	3 Análise do processo (análise das causas)	3a) Definição de (hipóteses) de causas	Criar um diagrama de causa e efeito com hipóteses de causas dos problemas menores. Priorizar causas.
		3b) Analisar as causas dos problemas	Analisar as hipóteses de causa priorizadas dos problemas menores, usando a técnica mais adequada: i) Séries Históricas e Temporais; ii) Análise de Causas Especiais / Comuns; iii) Gráficos de Pareto; iv) Análise de Variações / Comparativa; vi) Histogramas vi) Análise de Processo; vii) Outros.
	4 Plano de ação	Estabelecer plano de ação	Estabelecer planos de ação usando a ferramenta 5W2H, consistente com as análises de causa dos problemas menores. As ações realmente bloqueiam as causas? Priorizar as ações.
D	5 Execução	Executar	Executar exige competências em gestão de projetos e disciplina.
C	6 Verificação	Verificar se o bloqueio de causas foi efetivo	Observar através da análise de indicadores se as causas fundamentais foram bloqueadas. Se não, voltar ao 3º passo.
A	7 Padronização	Evitar o reaparecimento do problema	Utilizar ferramentas tais como: desenho de processo, treinamento, automação.
	8 Conclusão	Finalizar o projeto	Organizar o projeto de modo a facilitar futuras consultas.

Fonte: Adaptado de Campos (2004).

Algumas dicas importantes na utilização do método:

- A **definição do problema é essencial** para resolução. Em geral, há diversos vieses para a definição dos problemas. Muitas vezes, definimos os problemas já pela solução. Se definirmos o problema como falta de treinamento, dificilmente teremos uma solução que não seja um novo plano de treinamento. Se definirmos o problema como lacuna de competências da equipe, abrimos um leque de possibilidades: a causa pode estar no recrutamento, na seleção, no treinamento em si e mesmo no desligamento. Problemas mal definidos vão gerar planos de ação ruins[3].

- Um dos cernes da metodologia é a **priorização**. Priorizamos na definição do problema, na estratificação, nas hipóteses e no plano de ação. A ideia é que, quanto mais focada, mais efetiva é a solução.

- **A estratificação é provavelmente a melhor ferramenta da metodologia, mas que nem todos utilizam**. Consiste em observar nos dados por padrões que nos levem a problemas menores, que emanam dos dados. Problemas menores tendem a ser mais fáceis de resolver. Problemas mais focados tendem a ser mais fáceis de resolver. É mais fácil e focado resolver o problema específico de devolução na loja 2, no segundo turno, do que implementar uma grande ação para melhorar o processo de devolução como um todo. Na estratificação devemos achar o "maior menor" problema possível, ou seja, se possível, um único problema focado, que, resolvido, bata a meta.

- O outro cerne da metodologia é **entender as causas**. Quanto mais próximo de uma causa provável, maior a certeza de uma solução eficaz. Enquanto a metodologia original convida a testar as hipóteses de

---

3 *Agradeço ao professor André Duarte por esta discussão e insight.*

maneira quase-científica, a aplicação nas organizações pode ser feita com este pensamento em mente.

- **Os planos de ação devem bloquear as causas**. Além disso, compete ao gestor a análise da propensão de sucesso dos planos de ação. Qual é a probabilidade desta ação bloquear esta possível causa? Já tentamos isso no passado? Em geral, as organizações fazem muitos planos ruim. As organizações precisam de menos e de melhores planos.

- Como a metodologia pede problemas focados e específicos, **é importante que a etapa de padronização seja realizada** para que a metodologia não crie diversos processos com pequenas variações e para que uma nova ocorrência do problema seja reduzida.

- Thomke (2019) argumenta que as metodologias de resolução de problemas podem ser decrementais ao CXM. Segundo ele, o fato de as metodologias de resolução de problemas procurarem a padronização faria com que as experiências realmente memoráveis e acidentais não acontecessem. É um ponto interessante, mas as metodologias de resolução de problemas focam em dois "tipos" de tratamentos dos problemas. Elas podem focar em diminuição da variabilidade – exatamente o ponto levantado por Thomke –, **mas também podem focar em deslocamento da média** (Campos, 2004), ou seja, transformar uma experiência pouco encantadora em uma experiência mais encantadora.

É bom notar que o sistema de dupla hélice deve ser um gerador de melhorias para a jornada e para o processo de CXM. Ambas as hélices são capazes de contribuir. Por exemplo, recentemente este autor reparou no aviso em uma *vending machine,* logo ao abrir a gaveta para a retirada do produto:

FIGURA: **Evidência de CLT?**

AGUARDE 30 SEGUNDOS PARA ABRIR SEU REFRIGERANTE

Fonte: Concepção artística da mensagem vista.

Embora não saibamos como foi criado o aviso, não é absurdo pensar que foi através das avaliações e reclamações dos clientes que tiveram problemas com vazamento do produto ao consumir os refrigerantes ou gaseificados.

Como vimos, os programas de CXM devem contar com um processo de recuperação ou de resolução de problemas de duas hélices: resolver (apaziguar) o cliente e resolver as causas do problema. Este, entretanto, parece ser um assunto de menor importância em muitos dos programas de CXM existentes. É particularmente improvável atingir altos níveis de experiência sem um processo consistente de resolução.

Outro ponto importante é que o sistema em si deve ter certa flexibilidade. Thomke (2019) argumenta que sistemas de *close the loop* muito focados em eficiência tendem a apresentar desincentivos para que os colaboradores ofereçam soluções que sejam, de fato, memoráveis. Hart, Heskett & Sasser (1990) defendem que o foco deve ser o cliente e não o processo de *close the loop* em si. Chegam inclusive a advogar, que, para o verdadeiro encantamento, a organização deve:

> **"Resolva o problema do cliente. Mesmo que não seja culpa da organização."**

CASO OMNICANAL:
AS DIFICULDADES DE RESOLUÇÃO DE PROBLEMAS: PARA UNS E PARA OUTROS

Era 2016 e as implementações de jornadas omnicanais estavam apenas começando. Quem já implementou esse tipo de jornada sabe das dificuldades práticas de sistemas, de pessoas e de legislação que estão envolvidas na implementação de uma estratégia omnicanal.

Da tranquilidade do seu lar nosso personagem recebe uma mensagem:

> **"Parabéns pela compra do seu celular XPTO Android de entrada. Pode retirar no Supermercados Coquinho ao seu lado."**

Era uma compra anômala. Não utilizava Android. Fazia anos não utilizava esta organização de e-commerce. É uma das maiores do país. E nem tinha consciência de que as implementações de omnicanal já estavam começando.

O personagem resolve checar, com cuidado, se não é *phishing*. Não clica em nenhum link, entra diretamente pelo site e-commerce e, *voilá*, lá está a compra. Um celular XPTO Android de entrada. Verifica o endereço de retirada e é uma loja de outra rede, perto de sua casa. "Estranho, clonaram o meu cartão", pensa. Verifica o pagamento e ainda mais surpreso fica ao perceber que usaram o cartão de um banco no qual não tinha conta.

Ele resolve fazer a primeira ligação com dor para o site e-commerce. Avisa que não fez a compra, que o cartão é clonado e que a conta deve ser cancelada. O atendente responde que não pode fazer nada a respeito: uma vez que o cartão foi aceito, não havia como fazer o cancelamento. Vai chegar na loja do Supermercado Coquinho. O que o personagem deve fazer então? "Se não comprou, deixa o celular lá", diz a atendente. Mas o meliante vai pegar! Não há nada a ser feito!

Meio incrédulo, resolve fazer a segunda tentativa. Liga para a loja e-commerce novamente. Não consegue admitir que vai participar passivamente de uma fraude. Mesma resposta lacônica.

O personagem resolve retirar o celular no supermercado. Aumenta o atrito na jornada. Se chegar antes dos golpistas, terá mais controle da devolução. Chega lá e, de fato, o celular está presente. Como o processo é novo, "só" leva 55 minutos para retirar o aparelho.

Ainda atônito, pensa em ligar para o e-commerce, mas resolve ligar para o banco que emitiu o cartão. Quer entender o que aconteceu. Assim que fala que o cartão foi clonado, começa um atendimento *premium*. O banco pede desculpas, explica que provavelmente os golpistas entraram no sistema do B2B para emitir um cartão com seus dados. Pede desculpas novamente e diz que entrará em contato com o cliente em 24 horas. O personagem explica que não é cliente e recebe a seguinte resposta: tratamos clientes e não clientes de forma igual.

Vinte e quatro horas depois, o personagem recebe uma ligação. É o banco, pedindo desculpas novamente, dizendo que está monitorando o problema e garante que não vai mais acontecer. Diz que ligará em uma semana.

Uma semana depois, o personagem recebe a ligação do diretor de atendimento do banco. Mesmo *script*, mesma cortesia. O personagem repete que não é cliente. Diz estar impressionado.

E quanto ao celular? O personagem nunca conseguiu devolver. Como o cartão foi cancelado, o processo entrou em *looping* e não há como receber o crédito se o cartão foi cancelado, então não se pode fazer a devolução. O personagem não ficou impressionado.

EM TERMOS PRÁTICOS:
10 PONTOS A SE CONSIDERAR SOBRE A RESOLUÇÃO DE PROBLEMAS EM CXM

1. Tenha um processo de dupla hélice: resolver (apaziguar) o cliente e resolver as causas. No curto prazo, resolva o cliente. No longo prazo, resolva as causas sistêmicas para diminuir a necessidade de resolver os clientes, para o mesmo problema.

2. Opte por colaboradores munidos de competências essenciais para participarem dos processos de recuperação. A empatia, a capacidade de resolução de problemas e a visão sistêmica são algumas delas.

3. Domine ou tenha acesso a competências de *design thinking*, pois podem ser necessárias.

4. Domine alguma metodologia de resolução de problemas.

5. Quebre o problema em problemas menores a fim de facilitar a sua resolução.

6. Só é possível bater metas e melhorar um indicador através de melhorias e projetos.

7. Tenha bons planos que eliminem as causas dos problemas efetivamente.

8. Tenha uma boa gestão de projetos para bater metas e melhorar um indicador. Projetos e metas são duas faces da mesma moeda.

CUSTOMER EXPERIENCE MANAGEMENT ———————————————

9. Não deixe que processos rígidos atrapalhem na recuperação e solução de problemas. Pense cuidadosamente em qual processo deve ser priorizado: operação ou recuperação.

10. Dentro do possível, resolva o seu cliente, mesmo que o problema não seja da organização.

Suporte tecnológico e analítico para CXM

Embora a escolha do suporte analítico e tecnológico acabe acontecendo ao longo da implementação de um programa de CXM, por motivos didáticos separamos este assunto em um capítulo à parte. Além de ser mais fácil aprofundar estes assuntos em um capítulo separado, esta parte do livro também servirá para alguns assuntos que ainda são tendências para a maioria das organizações.

SUPORTE TECNOLÓGICO E SUAS TENDÊNCIAS

Como consultor ainda fico espantado com a quantidade de profissionais que julgam que os sistemas de informação e suporte são grandes caixinhas mágicas. Plugou, ligou e todos os problemas estão resolvidos. Obviamente, nada mais longe da realidade. Recentemente recebi uma mensagem em uma rede social pedindo ajuda. A mensagem era:

"Alguém sabe de um sistema que coloquemos os problemas de experiência e este nos indique um *processo* que os resolva?"

O papel do gestor de CXM é entender as necessidades existentes, e, caso faça sentido, escolher os softwares que irão compor o arcabouço de CXM. Alguns desafios peculiares relacionados à gestão de experiência terão reflexos nas escolhas de softwares de apoio:

1. Pode parecer contraintuitivo, mas no começo pode ser interessante rodar um piloto de maneira bem manual (*MS Office, G Suite, SurveyMonkey*). Rodar manualmente faz com que os profissionais envolvidos tenham que entender as dificuldades e peculiaridades de se rodar a pesquisa evitando que ela vire uma caixa-preta sem controle.

2. O processo de gestão da experiência tende a ser muito intensivo em gestão de pesquisas. A maioria dos programas de CXM tem como objetivo perguntar sobre a experiência para o maior número possível de clientes e que perguntemos para toda a base[1]. Embora algumas organizações comecem fazendo este tipo de atividade com softwares de pesquisa gratuitos, fica rapidamente

---

1 Isso depende, obviamente, do desenho do sistema de pesquisa, e se a pesquisa será feita em todos os pontos de contato. Veja o capítulo sobre mensuração para mais detalhes (capítulo 5).

óbvio que as pesquisas de experiência se tornarão muito volumosas e que, em algum momento, será necessário que se migre para um software que tenha *features* de gestão de pesquisas. Nesta fase, haverá três escolhas: utilizar as *features* de pesquisa do software de CRM, se existentes; adotar um software de pesquisa mais parrudo, porém ainda sem todas as *features* de gestão da experiência; partir para um software completo de gestão da experiência. A decisão dependerá do contexto e recursos disponíveis.

3. O software básico para a gestão de experiência deveria ser o CRM (*Customer Relationship Management*). Através do CRM, a organização poderá identificar individualmente os clientes, segmentá-los, ter um histórico de suas transações. Só através destes dados básicos será possível analisar as alavancas de valor de CXM e planejar ações correspondentes, tanto para pilotos de novas ideias quanto para mensurar se as ações corretivas tiveram sucesso. Infelizmente, cerca de um terço das implementações de CRM não são bem-sucedidas nas organizações (Edinger, 2018). Entre as causas mais comuns, estão:

TABELA: **As razões do insucesso de implementação de sistemas de CRM**

RAZÕES DE INSUCESSO	COMENTÁRIO
Definição de objetivos	Muitos projetos são destinados ao fracasso devido à falta de objetivos claros, mensuração e medições de Retorno sobre Investimento (ROI) fictícios.
Falta de estratégia	O projeto de CRM tem de estar adequado com a estratégia de marketing e de CXM. Diferentes estratégias demandam diferentes escopos e cronogramas.
Devaneios no escopo	A perda do controle do escopo do projeto pode matar qualquer projeto.
Adoção dos usuários	Resistência à implementação do CRM é um processo comum a quase todas as implementações. Alguns exemplos são a resistência a ter informações centralizadas, o medo de que desempenhos aquém do esperado venham à tona, entre outros.
Processos ruins	Uma parte das lendas de implementação de sistemas é que eles são uma caixa de pandora. A grande verdade é que automatizar processos ruins só faz com que se aumente o "automatize a bagunça"[2].

Fonte: Adaptado de Shaeffner (2018).

---

[2] *Vi este comentário tanto em palestras do Aerton Paiva como de David Kallás. Desconheço o autor.*

4. Em determinado momento será interessante que o acompanhamento seja através da jornada e não mais apenas pelo cliente. Nem todos os softwares permitem que o acompanhamento seja feito pela jornada. Esta é uma característica que deveria existir mesmo que só implementada em um segundo momento.

5. A coleta de informações será mais completa se usarmos as informações operacionais para termos uma visão mais adequada do que está ocorrendo com o cliente. Está visão operacional estará disponível nos sistemas ERP (*Enterprise Resource Planning*) e em outros sistemas operacionais legados. É importante que nosso arcabouço sistêmico inclua integração com estes sistemas legados.

6. Uma parte importante dos sistemas de CXM é o sistema de dupla hélice de resolver (apaziguar) o cliente/ resolver o problema. Uma das integrações necessárias será com o sistema de *contact center*, que em muitas organizações já está integrado com o CRM (mas em muitas outras não está).

7. Em geral, a hélice de resolução de problemas não está integrada ao arcabouço sistêmico de CXM. Seria muito interessante que as resoluções se integrassem ao arcabouço, quer para que soubéssemos que o cliente já teve um problema (CRM), quer para que estes dados estivessem disponíveis para futuro planejamento de melhorias e jornadas.

A figura a seguir define uma possível arquitetura alto nível de CXM:

FIGURA: **Arquitetura de CXM**

Fonte: Análise do autor.

O grande núcleo dos sistemas de CXM são os chamados sistemas de *Customer Feedback Management*. Estes sistemas cuidam, em geral, de três aspectos de CXM:

- Da gestão da pesquisa (seleção da amostra, disparo, coleta, entre outros).

- Da gestão da jornada, ou seja, quais são os pontos de contato monitorados e o que está acontecendo nestes pontos.

- De algum tipo de suporte analítico e de reporte para tomada de decisão com base nos dados coletados.

A Forrester, organização de inteligência em tecnologia, elege semestralmente os melhores softwares e soluções em diversas categorias (Forrester Wave). Na categoria de *Customer Feedback Management* (CFM), estes são os softwares considerados os melhores, em ordem:

1. Medallia
2. Qualtrics[3]
3. InMoment
4. Clarabridge
5. Confirmit
6. MaritzCX
7. SMG
8. Verint
9. NICE Satmetrix[4]

Fonte: Adams (2018).

Além deste cerne de *Customer Feedback Management*, é importante que este sistema se integre com outros sistemas para que haja:

- Integração com o CRM legado, para que os dados e os contatos com os clientes sejam centralizados em um único lugar.

---

3 *Solução associada à SAP.*

4 *Solução associada à Bain.*

- Integração direta ou via CRM com o ERP e outros sistemas operacionais. Como já argumentado, as melhores análises de experiência se alimentam não só de pesquisas de satisfação, mas também de dados operacionais.

- A integração deste sistema, se possível, com os processos de resolução de problemas (capítulo 6). Por um lado, provavelmente o *loop* de resolver (apaziguar) o cliente, estará ligado aos sistemas de *contact center* da organização. Por outro lado, o *loop* de resolução do problema deve estar contido em algum software de resolução de problemas e de acompanhamento de planos de ação.

A grande verdade é que o gestor de CXM também terá que atuar como um arquiteto de soluções, uma vez que nenhuma das soluções atuais provê todos os componentes de maneira integrada. A experiência também mostra que a maioria das organizações começa com um processo piloto, sendo muitos destes processos feitos de forma manual. Uma arquitetura comum é uma arquitetura que incorpora uma série de softwares para cada um dos subsistemas descritos na figura.

Felizmente, vivemos a época do *software as a service* (SaaS) e, de certa maneira, de ofertas de software bem acessíveis e escaláveis para todos os tipos de organização. Há uma série de companhias brasileiras que oferecem modelos de SaaS e que focam em diversos tamanhos de organizações e orçamentos disponíveis para o programa ou área de CXM. Sem critério específico, seguem alguns nomes de organizações nacionais e estrangeiras que valem a pena ser conhecidas em função de sua flexibilidade[5]:

- Tracksale
- Blinds.co
- Zendesk
- Gorilla
- Quest Manager
- Worthix

Existem alguns bons repositórios de soluções de software para CXM. Recomendamos o Siftery (siftery.com) e o G2 (www.g2.com). O G2 ainda provê a informação de quem está usando as soluções SaaS listadas[6].

Uma das questões que os sistemas de *Customer Feedback Management* deverá solucionar no futuro é a da necessidade de automação. Uma das características das pesquisas de experiência, especialmente se a decisão é medir em todos os pontos de contato, é a enorme quantidade de decisões a serem tomadas assim como de dados gerados. Por exemplo, participei de um projeto em que uma grande rede de hotéis gerou, através dos comentários em sua pesquisa de satisfação, cerca de 5 milhões de comentários em um ano e não tinha força bruta para fazer a análise.

---

5 *Esta lista não é, em qualquer forma, um endosso a estes fornecedores. Cabe ao gestor fazer a sua própria análise.*

6 *Agradeço ao Welington José da Silva por ter apontado estes repositórios. Esta lista não é, em qualquer forma, um endosso a estes fornecedores. Cabe ao gestor fazer a sua própria análise.*

Obviamente, comentários são mais difíceis de interpretar do que notas. Isso causa em geral um enorme *backlog* na análise dos verbetes. Recentemente, uma grande revista americana revelou que, para interpretar as interações da assistente de voz Alexa, a Amazon empregava milhares de pessoas que tinham de, "manualmente", interpretar as interações (Valinsky, 2018). Um dos desafios da análise de texto é interpretar comentários que misturam partes positivas e negativas na mesma frase. Por exemplo, no comentário "adorei a loja, mas o vendedor poderia ser mais simpático", temos tanto um comentário positivo como negativo. Alguns dos softwares de *Customer Feedback Management* prometem integrar este tipo de análise usando como suporte o Watson ou o *engine* do Google. Algumas consultorias também oferecem tal competência (Damais, 2016).

Um segundo uso cada vez mais comum da automação é o de simular a conversação entre o cliente e o software com duas intenções: melhorar a experiência e obter mais dados. Por exemplo, o software como o Medallia já consegue realizar uma série de interações para extrair mais dados dos comentários:

- Como foi sua experiência?

- Foi boa?

- Boa em que sentido?

- Gostei muito da atitude.

- Você poderia descrever em mais detalhes?

Outra possibilidade interessante é o uso de câmeras em substituição às pesquisas. Como disse certa vez um profissional

com mais de 30 anos de experiência em pesquisa de mercado e CXM, no futuro não precisaremos nem de pesquisas nem
mesmo de clientes ocultos: as próprias câmeras nos dirão se o
cliente está feliz e se ele seguiu corretamente a jornada[7]. Por
exemplo, a organização brasileira Gryfo (www.gryfo.com) é es-
pecializada em uso de inteligência artificial e reconhecimento
de expressões e linguagem corporal, usando as câmeras de segurança existentes. Um dos exemplos de aplicação se relaciona
ao CXM:

> *"Utilizamos a inteligência artificial para analisar e
> contabilizar os atendimentos (expressões e senti-
> mentos) e o tempo de espera em filas, obtendo
> informações para geração de indicadores-cha-
> ve e otimizar a tomada de decisão dos gestores."*
> *(Gryfo, 2019)*

TENDÊNCIAS EM ANÁLISE DE EXPERIÊNCIA

Vivemos em um momento em que a captura de informações e o
poder de computação caíram em custo consideravelmente, o que
tende a aumentar a importância da análise de dados para as decisões em marketing. Alguns chamam esta nova época de mate-
marketing[8] (matemática + marketing). Como colocam em recente
livro de ciência dos dados:

---

7 *Agradeço a Alex Gronberger, CEO da Ipsos Latin America, por este insight.*

8 *Agradeço ao professor Busarello por este insight.*

"Os processos de análise de dados vivem uma época de transformação e crise de identidade das disciplinas tradicionais. A demanda contemporânea é a integração total, sob o rótulo de Data Science, das técnicas e ferramentas originalmente desenvolvidas separadamente por disciplinas tais como Estatística, Machine Learning e Ciência da Computação. É um momento de renovação de currículos e integração de habilidades. O livro pretende traduzir o espírito da época, conjugando os aspectos matemáticos, inferenciais e computacionais envolvidos nas questões de marketing e negócios." (Fernandez & Marques, 2019)[9]

Entretanto, enquanto *Big Data* e *Data Science* são importantes, muito ainda pode ser descoberto pelo *Small Data*. Existe ainda muita informação que pode ser analisada sem grandes investimentos em software, apenas baseado em boas capacidades analíticas. Portanto, não se pode confundir investimentos em software com capacidade analítica (Redman & Hoerl, 2019). Isso posto, vamos explorar a seguir algumas tendências em análise de dados relacionados com a gestão de experiência.

CAPACIDADE DE PREVISÃO

Ao conseguir maturidade, um dos objetivos de um programa de CXM é preocupar-se com o futuro e deixar o passado. As previsões

---

9 *Pedro Fernandez foi fundador da Novaction, que viria a se tornar a Ipsos Brasil. Mais tarde fundou a Provokers. O livro citado tem livre acesso pelo link https://datascience.insper.edu.br/index.html*

começam a fazer parte do trabalho da área de análise. Embora este seja tipicamente um objetivo desejável para a área de marketing e sistemas de CRM, recentemente, devido ao poder computacional e aos sistemas de suporte para processo de previsões, houve um crescimento deste tipo de análise (Redman & Hoerl, 2019).

Um cliente que auxiliei recentemente era uma organização de automação de meios de pagamento. Mesmo com uma área de *analitycs* ainda em formação, foi possível chegar a uma importante consideração: uma causa importante de *churn* era a falta de uso do produto. Embora esta ligação não seja exatamente nova (conforme o capítulo 1, é uma das bases da metodologia de *Client Success*), para os clientes desta organização o ponto de ruptura era muito claro: sete meses sem uso e a chance de *churn* disparava imensamente. Esse gatilho foi usado para uma verdadeira reorientação do CX da organização. O novo mote era a ampliação das oportunidades de uso.

A capacidade de previsão pode ainda ser alavancada pela automação. Recentemente, presenciei um caso interessante envolvendo a Amazon. Um cliente viajou para os Estados Unidos e fez o que outros tantos turistas fazem: assinou o serviço Prime da Amazon de modo a aproveitar o ótimo serviço de entregas da gigante de varejo americana. Quem já viajou para os EUA já percebeu que virou referência a quantidade de pacotes que os turistas recebem nos hotéis usando a Amazon. O aumento de demanda por recepção de compras é tão grande que "obrigou" os hotéis a cobrarem pelos serviços (Figueroa, 2019). Assim como já aconteceu com tantos outros viajantes, o nosso exemplo esqueceu de cancelar o serviço. Já de volta ao Brasil, só percebeu quando olhou a fatura um par de meses depois.

Imediatamente após o pagamento da fatura, cancelou o serviço. A reação da Amazon é a coisa mais interessante. O cliente recebeu um e-mail que tinha dizeres semelhante a:

> *"Caro cliente. Conforme sua requisição, cancelamos o seu serviço da Amazon Prime.*
>
> *Observamos que você não usou os seus benefícios nos últimos dois meses, por isso estamos oferecendo O REEMBOLSO TOTAL referente a esse período. Caso acredite que este reembolso não lhe cabe, favor nos informar.*
>
> *Atenciosamente,*
>
> *Time Amazon"*

Embora não esteja explícito, o que provavelmente se vê é uma mistura de análise do passado, previsões sobre o futuro e cálculos de CLV. Identificando que este era um dos milhares de usuários que usam os serviços apenas nas suas férias americanas, provavelmente uma inteligência artificial da Amazon tomou uma decisão. Previu que o retorno de duas parcelas de Amazon Prime (provavelmente) aumentariam o CLV do cliente. Este retorno se daria em outras viagens para os Estados Unidos, com uso intensivo de compras na Amazon.

As organizações terão que se preocupar cada vez mais com a reação dos clientes quando confrontados com situações de previsão "assertivas demais". Um caso interessante é o da Target, que desenvolveu uma metodologia para predizer a gravidez das clientes. Segundo conta o caso, o período de gravidez é um dos períodos em que mais os clientes mudam os hábitos de consumo, sendo extremamente valioso para as marcas. O varejista então começou a mandar ofertas de produtos relacionados com a gravidez, meses antes da data de nascimento estimada (pelo sistema da Target) para os bebês. Isso ofendeu o pai de uma menina de treze anos que foi tirar satisfação em sua loja local. Que absurdo a Target incentivar sua filha a engravidar, mandando ofertas de berços. O gerente resolveu o problema do cliente. Conforme sugerido no capítulo 7, depois de apaziguar a situação, resolveu ligar alguns dias após o ocorrido para ver se estava tudo ok. Foi recebido com um pedido de desculpas do pai, que admitiu que "havia atividades em seu lar de que ele não estava a par" (frase do autor original do caso). Percebendo o potencial problema, a Target resolveu que as ofertas de produtos focados nas grávidas deveriam ser sempre enviadas junto com outras ofertas aleatórias, de modo a suavizar a percepção de invasão (Duhigg, 2012).

É uma solução que lembra o caso da função "shuffle" do iPod. Os clientes reclamavam que a função não era verdadeiramente aleatória, pois, por vezes, num intervalo de uma hora, eram selecionadas duas músicas do mesmo cantor. Depois de um tempo tentando explicar que mesmo uma função aleatória pode ter como resultado duas músicas de um mesmo autor em uma hora, a Apple resolveu que sua função aleatória seria "menos aleatória" (Goodin, 2005).

USO DA CIÊNCIA COMPORTAMENTAL

Outra área emergente na gestão e análise da experiência, e que deve ser eventualmente foco de uma área de *analytics* tão cedo quanto possível, é a da utilização da ciência comportamental (Schmitt et al., 2015) no desenho da jornada. O artigo seminal de Chase & Dasu (2001) nos dá as principais diretrizes para o desenho baseado no comportamento:

- **Princípio 1:** Conclua em alta nota. Ao contrário do que muitas organizações dão como certo, terminar de maneira agradável a jornada ou o encontro de serviços é muito mais importante do que começar de maneira a causar impacto. Assim, se uma organização tiver recursos limitados e tiver de escolher entre a página inicial e o carrinho de compra, escolha o segundo. A ciência comportamental nos diz que a última impressão é a que fica. Um exemplo é a Cathay Pacific. No serviço de classe executiva, os passageiros são tratados pelo nome no momento da despedida (Duncan et al., 2016).

- **Princípio 2:** Desenhe de maneira a passar pelas partes negativas o mais cedo possível. A ciência comportamental nos diz que, em eventos sequenciais, as pessoas preferem eventos indesejáveis antes. Em termos de *design*, é melhor livrar-se dos passos que exijam esforço ou que tenham atrito o mais rápido possível na jornada. Por exemplo: a Disney favorece os planos de refeição, alternativa em que os pagamentos são feitos antes da experiência (Duncan et al., 2016).

- **Princípio 3:** Combine a dor, divida o prazer. A ciência comportamental demonstra que experiências fracionadas parecem durar mais do que realmente duram. Assim, de maneira similar ao princípio anterior, as partes desagradáveis da experiência devem ser concentradas em um único ponto.

- **Princípio 4:** Clientes adoram ter as escolhas. A ciência comportamental demostra que, se os clientes têm a sensação de escolha, a percepção tende a ser mais positiva. Este é um princípio que está por trás do sucesso de boas implementações de autosserviço. Clientes preferem a escolha mesmo que tenham que realizar um pouco mais de esforço.

- **Princípio 5:** Pessoas precisam de rituais. A ciência comportamental muito nos ensina sobre a necessidade cognitiva do ser humano de confiar nos hábitos e rotinas (Duhigg, 2012). Os clientes constantemente preferem rituais conhecidos. Use rituais para melhorar a experiência, otimizando o tempo de espera e diminuindo a variabilidade dos serviços. Rituais também são levados em conta na avaliação da experiência. Desvios dos rituais costumam ser punidos (Chase & Dasu, 2001) na avaliação da experiência.

Uma discussão interessante é se as organizações devem utilizar a ciência comportamental para influenciar (dentro dos limites éticos) os clientes sobre comportamentos mais lucrativos ou menos custosos. Recentemente recebi o seguinte convite de uma organização de compartilhamento de bicicletas e de patinetes:

"Aproveite 30 minutos de nossas bicicletas na faixa. É só estacionar nos lugares sinalizados no aplicativo. Partiu para um rolê."

A organização está aparentemente usando a teoria dos incentivos. A maioria das pessoas vai responder a incentivos. Incentivos podem ser financeiros e não financeiros (morais, coercitivos, etc.) (Thaler & Sunstein, 2009). A organização está tentando "matar vários coelhos com uma só cajadada". Está tentando melhorar a minha satisfação, através de incentivos financeiros. Está tentando diminuir os custos operacionais usando os clientes para fazer o reposicionamento das bicicletas. E está indiretamente tentando aumentar a satisfação de outros clientes através da reorganização das bicicletas.

Uma segunda possibilidade de uso da ciência comportamental é complementar o treinamento de clientes de forma a diminuir a variabilidade em serviços imposta por eles (Frei & Morriss, 2013)[10]. Um exemplo interessante é o uso de gamificação, ou seja, premiação de forma lúdica a incentivar que os clientes passem pelos treinamentos mínimos necessários para o sucesso em operar uma ferramenta de software (Mura, 2017).

ANÁLISE DAS EMOÇÕES: USO DA CIÊNCIA

Uma parte importante do conceito de experiência do cliente que tem ganho tração nos últimos anos é o foco na utilização da informação sobre emoções na gestão da experiência. A partir de uma

---

10 *Conforme citado no capítulo 7.*

série de artigos nos anos 2010, ficou cada vez mais claro que as emoções são um importante elemento de CXM.

Entretanto, existe certo exagero em dizer que os elementos funcionais serão totalmente sobrepujados pelos emocionais. Já apareceram inclusive algumas definições de que a gestão de experiência é a gestão da emoção em cada ponto de contato. Para nós parece exagero.

Pesquisa recente da Ipsos explora o aspecto moderador das emoções na gestão da experiência. Chamada de as Cinco Forças do CX[11], a pesquisa que envolve mais de 9 setores e 10 mil entrevistas, tenta estabelecer os fatores que compõem uma forte relação entre organização e cliente: fatores tanto funcionais como emocionais. Tal pesquisa da Ipsos apresenta os cinco fatores a seguir como os mais importantes para o CXM:

TABELA: **Os cinco fatores de relações fortes**

FATOR	FUNCIONAL / EMOCIONAL
Tratamento justo (a troca econômica é equilibrada)	Emocional
Sem surpresas (clareza, transparência, sem atrito)	Emocional / Funcional
Empoderamento (controle da situação)	Emocional / Funcional
Reconhecimento (clientes se sentem valorizados)	Emocional
Shared Values (pertencentes a uma comunidade)	Emocional

Fonte: Adaptado de Damais (2019).

Enquanto alguns fatores são tipicamente funcionais, tais como experiências sem atrito, outros pendem muito mais para

_____

11 *Solidarizo-me com Michael Porter.*

o lado emocional, tal como o pertencimento a uma tribo ou comunidade. Como já é tradicional no assunto CXM, a pesquisa encontra grande variabilidade na importância dos fatores entre setores, sendo essencial uma avaliação preliminar antes de se tirarem conclusões apressadas (Berry et al., 2002).

Magidis, Zorfas & Leemons (2015) exploram o papel das emoções e da conexão emocional como um alavancador dos comportamentos do consumidor e alavancador de Valor do Cliente. O artigo destes autores encontra grande diferença nos resultados, em termos de CLV, de clientes desconectados, de clientes satisfeitos porém não conectados, e de clientes satisfeitos porém conectados emocionalmente. O artigo revela que a diferença entre clientes satisfeitos e não conectados emocionalmente, e clientes satisfeitos mas conectados emocionalmente é maior do que 50% (de CLV) em média. Em setores como produtos de limpeza e de aplicativos, a diferença pode ser tão alta como 100%, em termos de CLV.

É importante lembrar da definição de experiência do início do livro. As expectativas sobre um serviço ou produto serão também baseadas na memória do cliente, formada através dos diversos "pontos de contato" e da repetição das jornadas. A ciência nos diz que a memória está intimamente ligada à emoção. Assim, experiências memoráveis tendem a se destacar em nossa memória, que muitas vezes é seletiva. Obviamente esta é uma faca de dois gumes. Experiências negativas memoráveis também são duradouras (Nicks & Carriou, 2016).

Thomke (2019), professor do MIT, também justifica um maior uso das emoções no desenho e na resolução de problemas em CXM afirmando que as organizações que incorporam as emoções na gestão de experiências têm cerca de 30% a mais de margem e 85% a mais de crescimento em receitas. Mais importante, o professor faz algumas recomendações de como incorporar as emoções no CXM. Segundo o artigo, existem cinco práticas a observar:

1. Estimule os sentidos. Incorpore os sentidos na experiência. Existe uma vasta literatura sobre a gestão dos sentidos de como esta estimulação pode trazer benefício às experiências e, se bem executada, benefícios financeiros. Um exemplo clássico é o estudo de Milliman (1986), que demonstra que a simples escolha da música ambiente pode influenciar uma série de indicadores operacionais, bem como a rentabilidade. Neste trabalho, o uso de música lenta ambiente representou um acréscimo de 15% na lucratividade de restaurantes. Num exemplo ligado diretamente à CXM, o artigo apresenta a HON, uma das maiores fabricantes mundiais de totens de opinião (por vezes chamados de "opinômetros"). A HON atribui às características táteis dos botões de opinião (carinha feliz, carinha triste) o sucesso de sua coleta, obtendo cerca de 600 milhões de opiniões anualmente.

2. Transforme tragédia em deleite. Planeje seu processo de recuperação de serviços para surpreender (capítulo 6). A surpresa e a emoção surgem do inesperado. Thomke (2019) argumenta que uma recuperação de serviços muito bem-feita pode ter efeitos mais duradouros do que qualquer *design* de experiência. A organização mestre nestes casos é a Disney. É quase sempre um

bom negócio ter um problema de serviços com a Disney. Thomke reconta que a narrativa de experiência mais vivida já relatada a ele refere-se a uma bolsa perdida na Disney, que providenciou os ingressos perdidos junto com a bolsa, *no questions asked*. Ao final do dia, a bolsa foi localizada e devolvida.

3. Construa a surpresa na jornada. Enquanto a necessidade de conter a variabilidade em serviços é importante, não se pode deixar que este *drive* eclipse a possibilidade de planejar momentos de encantamento. Por exemplo, o Oberoi Group, uma das maiores redes de hotéis na Índia, tem um orçamento específico para que o seu time crie momentos de deleite (tanto momentos de encantamento extra quanto momentos de resolução de problemas). Por ano, a rede contabiliza cerca de 30 mil usos desta verba.

4. Utilize narrativas. Uma das maneiras mais efetivas de inspirar emoção na jornada é a utilização de histórias. Nenhum exemplo pode ser mais sintomático do que a maneira que a Disney permeia suas experiências com narrativas. Até mesmo as filas, que poderiam ser detratoras da percepção de satisfação, são recheadas de narrativas e incorporadas de maneira positiva à experiência geral (Capodagli & Jackson, 2016). Narrativas também são excelentes para mobilizar os colaboradores e imbuir propósito no trabalho (Grenny, 2017).

5. Use experimentos. Uma das grandes verdades sobre o mundo corporativo é a de que as organizações subutilizam o poder dos experimentos (Pfeffer &

Sutton, 2006). Esta tendência tem sido gradativamente modificada desde a descoberta que os sites são praticamente um experimento a céu aberto. Uma página de internet pode testar milhares de cores de fundo ou dizeres ao longo do dia. Recentemente, a prática do *Growth Hacking* (aumentos de vendas através de experimentos) deu nova força aos experimentos (Bussgang & Benbarak, 2016). Experimentos são especialmente importantes porque a ciência das emoções ainda é incerta. "Será que este *design* de experiência vai disparar a emoção pretendida?" Vamos testar.

EM TERMOS PRÁTICOS:
O QUE PRECISAMOS CONSIDERAR SOBRE APOIO ANALÍTICO E TECNOLÓGICO E CXM

1. O ótimo é inimigo do bom. Embora um bom planejamento de CXM deva considerar o futuro ferramental e capacidades analíticas, é possível fazer um programa com ferramentas disponíveis em uma escala inicial.

2. Não sofistique antes da hora. Domine o bê-á-bá antes de passar para coisas mais sofisticadas.

3. Vivemos a época do software "barato". Use isso a seu favor.

4. O software de CRM é uma peça fundamental da arquitetura de CRM. As dores da implementação do CRM não apenas passam pela "instalação", mas pontos de atenção devem ser a alimentação de dados e a instituição de hábitos de uso.

5. O futuro de CXM será a automação. Analise as futuras *features* prometidas pelo seu provedor de SaaS.

6. As competências analíticas serão muito importantes especialmente para criar experiências preditivas e surpreendentes.

7. Assim que possível, entenda os fatores que fortalecem e enfraquecem os relacionamentos de sua organização com os clientes.

8. O uso de ciência comportamental começa a ser uma tendência. Planeje-se para incorporar estas competências.

9. Comece a estudar o uso das emoções de maneira científica. Entenda os *trade-offs* entre eficiência e emoção na oferta de experiências.

10. As organizações bem-sucedidas começam a fazer uso intensivo de experimentos.

CASO AMARO:
UMA ORGANIZAÇÃO VERDADEIRAMENTE FOCADA NO CLIENTE E SUA EXPERIÊNCIA

A Amaro foi fundada em 2012 por um ex-banqueiro suíço, Dominique Oliver, com experiência principalmente no setor de vestimenta. Ele enxergou várias ineficiências no setor. O grande predicado da Amaro foi juntar um modelo de negócio que já existia com as tendências de transformação digital e de gestão da experiência, de forma totalmente integrada. Ao longo do caso, para efeitos didáticos, serão apontados os capítulos correspondentes a cada um dos assuntos.

O modelo da Amaro é o chamado *direct-to-consumer*, modelo no qual a inexistência de intermediários tende a diminuir custos e melhorar o fluxo de informações que vêm dos clientes. A empresa possui uma cadeia integrada que vai de modelagem e tendências à fabricação e vendas. A novidade dessa organização é o uso intensivo de informação e seu foco em CXM.

O uso focado nos dados, recolhidos através das interações nas redes sociais, nas pesquisas de satisfação e de experiência e nos próprios pontos de venda é parte do DNA da empresa. "Quando criamos os produtos, sabemos quais deles os clientes vão gostar", diz Oliver. É uma empresa que usa a gestão da experiência de forma preditiva (capítulo 8). Isso permite à rede ser muito mais ágil no lançamento de coleções, lançando novos modelos num espaço de 8 a 12 semanas. A Amaro também lança mais de 10 mil peças por ano. Para o CEO, a Amaro não é apenas uma marca de moda, mas também uma organização de tecnologia e dados.

Falando em presença nas redes, a Amaro foca todos os seus esforços de marketing no entendimento, na interação e no desenvolvimento das redes sociais. Cem por cento do orçamento de marketing é voltado para as redes sociais.

Na esfera da experiência, a Amaro tem várias práticas que estão na vanguarda do CXM. Inicialmente, a organização da empresa segue a jornada do cliente. As áreas são vistas pela ótica da jornada. Uma das características interessantes da Amaro é que as vagas de emprego no site são organizadas pela Jornada do Cliente. O candidato não achará vagas, como, por exemplo, analista de marketing. Primeiro, ele precisa navegar em um menu que mapeia a jornada (*awareness*, necessidade, ordem, entrega, auxílio, usuários e promotores) e depois achar a vaga correspondente. Uma verdadeira organização a partir da jornada[12] (capítulo 7).

Outa prática interessante em relação ao CXM é o fato da Amaro ser umas das primeiras organizações verdadeiramente Omnicanal e Phygital (físico + digital) (capítulo 1). A jornada pode ser iniciada em um canal, ser recuperada em outro e ser finalizada em um terceiro. Ao final de 2019, a marca tem treze *Guide Shops*. Os *Guide Shops* ajudam na escolha e na experiência de provar a roupa. Cerca de 1/3 das vendas já são feitas através do *Guide Shops*. Compras realizadas nos *Guide Shops* serão entregues na casa da cliente em 2.5 horas. Isso também diminui os custos de estoque. Retornos podem ser feitos tanto através dos correios quanto através desses *Guide Shops*. A organização busca uma experiência sem atrito (capítulo 1).

---

12 Veja em https://careers.amaro.com/

A obsessão pela gestão da jornada é preponderante. Nem sempre a devolução foi um processo sem atrito. A partir dos dados coletados nas pesquisas de satisfação nas redes sociais e, em especial, com as vendedoras que começaram a fazer parte da jornada, o processo foi totalmente redesenhado (capítulo 4).

Os pagamentos, por exemplo, são focados no aplicativo mesmo que dentro dos Shops. Cerca de 60% dos usuários da Amaro pagam pelo aplicativo com o recurso de escanear o QR Code das peças e adicioná-las automaticamente ao carrinho virtual.

Em termos de mensuração da experiência, a Amaro está constantemente monitorando o NPS, que, segundo pessoas a par da organização, tem como meta estar acima de 80 (capítulo 5). Uma das peculiaridades do processo é a customização da pergunta. Como a Amaro é voltada para o público feminino, a pergunta no NPS é:

"Você recomendaria a Amaro para uma amiga ou uma colega?"[13]

A Amaro também está focada na importância das emoções para a boa gestão da experiência (capítulo 8). Criou uma espécie de mapa de emoção ao longo da jornada, através da pergunta: "Qual o momento mais memorável da sua jornada com a Amaro?" Desta maneira, a organização é capaz de criar uma espécie de "mapa de calor" dos momentos de maior emoção e ajustar a jornada de acordo.

_____

[13] *Esta abordagem do NPS levanta duas discussões possíveis. A primeira: o quanto a alteração da pergunta introduz de viés nas repostas? A segunda: quanto traduzimos o NPS de uma língua razoavelmente de gênero neutro (inglês) para uma língua de gênero específico (português) estamos introduzindo viés? Veja o capítulo 5 para mais discussões sobre escalas.*

A Amaro também tem foco na recuperação de uma jornada inconsistente (capítulo 6). Como eco do famoso exemplo da Zappos (Hsieh, 2017) e de seu fundador, Tony Hsieh, a área de *contact center* é chamada de *Customer Happiness*. Esta segue muitos dos preceitos da Zappos, na questão do atendimento remoto.

FONTES:

https://exame.abril.com.br/pme/moda-do-futuro-na-amaro-sua-proxima-roupa-esta-escondida-no-smartphone/

https://revistapegn.globo.com/Banco-de-ideias/Moda/noticia/2019/06/conheca-o-suico-que-criou-um-e-commerce-de-moda-diferente-no-brasil.html

https://marciatravessoni.com.br/noticias/dominique-oliver-fundador-da-marca-amaro-e-o-unico-representante-brasileiro-a-entrar-para-o-bof-500/

https://careers.amaro.com/#jobs

https://www1.folha.uol.com.br/colunas/pedrodiniz/2018/04/grife-mostra-como-usar-dados-de-clientes-para-prever-tendencias-de-moda.shtml?loggedpaywall

https://vejasp.abril.com.br/cidades/sao-paulo-do-futuro-consumo/

https://epocanegocios.globo.com/Tecnologia/noticia/2019/03/na-moda-o-passado-nos-condena-mas-o-futuro-nos-redime.html

O NPS está em minha meta, e agora?

Uma demanda de aconselhamento comum que recebo é sobre a entrada do CXM nas metas dos gestores. Um primeiro ponto a ser considerado é a possibilidade que sua organização entre na onda do CXM. Um segundo ponto é como estas implementações ainda são executadas desobedecendo as melhores práticas (capítulo 3). Assim sendo, acabei criando um pequeno guia sobre o que fazer se o NPS está em sua meta.

- **Princípio 1:** Não entre em pânico. Embora trabalhoso em sua implementação, o conceito de CXM não utiliza conceitos futurísticos ou de "ciência de foguete". Como demonstrado ao longo deste manuscrito, especialmente no capítulo 1, o CXM é a soma de uma série de literaturas que foram convergindo. Existe amplo material para consulta.

- **Princípio 2:** Como afirmado no capítulo 2, é essencial que, numa transformação, os envolvidos entendam a visão e a lógica que suporta a metodologia. Aparentemente, dado o número de pedidos que recebo, esta comunicação da visão e treinamento na metodologia estão sendo insuficientes. Para funcionar, o gestor deve se certificar de um perfeito entendimento da metodologia, da meta, das métricas e das alavancas de CXM (capítulos 2, 3 e 5).

- **Princípio 3:** O NPS tem problemas para ser usado como *benchmark*, pois é muito sensível à forma de coleta e diferenças entre setores. É mais sábio se focar em melhorias relativas ao seu próprio desempenho (capítulo 7).

- **Princípio 4:** Relacionado ao anterior, use taxas de melhoria razoáveis para estabelecer ou negociar as metas. As melhorias tendem a ter retornos decrescentes. É fácil de estabelecer uma melhoria de 10 pontos quando o NPS está em 10. É muito difícil quando ele está em 85. Use estes conceitos em sua negociação de metas.

- **Princípio 5:** Descartando a sorte, provavelmente o único jeito "possível" de bater metas é através de ações e metas de melhoria. Estime a capacidade de gestão de projetos de sua equipe e ajuste conforme a necessidade (capítulo 3 e 7).

- **Princípio 6:** Em geral, quebrar o problema em problemas menores facilita atingir a meta. É a ideia que suporta a maioria das metodologias de resolução de problemas e de gestão de projetos (capítulo 7).

- **Princípio 7:** Tenha bons planos que, de fato, eliminem as causas dos problemas. Verifique os planos e peça ajuda para fazê-los. Utilize pessoal com experiência e visão externa na área para melhorar os planos de ação e projetos.

- **Princípio 8:** O processo de *close the loop* pode demandar metodologias do tipo do PDCA (de melhoria pontual) ou demandar metodologias do tipo *design thinking* (de redesenho de jornada). Avalie se o seu time domina estas metodologias, o quanto deste conhecimento precisa ser interno e o quanto pode ser terceirizado via consultorias (capítulo 7).

- **Princípio 9:** Pesquisas devem ter uma margem de erro, pois são baseadas em amostra. Leve isto em conta no processo de avaliação de desempenho (capítulo 5).

- **Princípio 10:** Provavelmente, o processo mais importante para o sucesso com metas é um processo consistente de acompanhamento de indicadores e tomada de decisão sobre os indicadores que estão ruins. Desenvolva seu time nestas competências.

ANEXO B

Pequeno glossário de termos de CX e CS

- CCER: *Customer/Company Effort Ratio.* Uma métrica proposta pela Ipsos que avalia a percepção de esforço relativo (cliente/empresa) para a solução de um problema.

- CES: *Customer Effort Score* (Índice de Esforço do Cliente). Uma das "famílias" de métricas de CXM, proposto por Dixon et al. (2010).

- CFM: *Customer Feedback Management.* Sistemas que integram a gestão das pesquisas de experiência com outros elementos. Por vezes chamados de EFM (*Enterprise Feedback Management*).

- CHURN: perda de clientes.

- CLV ou CLTV: *Customer Lifetime Value,* valor trazido pelo cliente nas transações futuras, enquanto for cliente.

- CRM: *Customer Relationship Management.* Refere-se à metodologia e linha de estudos na compreensão do que afeta a gestão-relação com o cliente assim como a um tipo de solução de software em geral responsável por fornecer dados para este tipo de gestão.

- CROSS-SELL: a venda de uma nova linha de produtos para um cliente existente.

- CSAT: *Customer Satisfaction Index* (Índice de Satisfação do Cliente), uma das métricas de CXM, usada desde o século passado.

- DESIGN THINKING: metodologia que usa as ferramentas do *design* para a solução de problemas corporativos e organizacionais.

- EBITDA: *Earnings Before Interest, Taxes, Depreciation and Amortization.* Lucros Antes de Juros, Impostos, Depreciação e Amortização, ou LAJIDA.

- EBR: *Executive Business Review,* reunião periódica com o cliente para entender se o CX ou CS está funcionando a contento. Mais usado em CS em função de menor número de clientes (clientes são B2B), também chamado de QBR (*Quarterly Business Review*).

- ERP: *Enterprise Resource Planning.* Sistema que controla e monitora a maioria dos processos de negócio de uma organização.

- ESFORÇO/DOR: dificultar a vida ou a resolução de problema do cliente.

- JORNADA DO CLIENTE: história da experiência do cliente, demostrando interações-chave e, dependendo da metodologia, as emoções, as motivações e as dúvidas.

- NPS: *Net Promoter Score,* uma das métricas de CXM, proposta por Reichheld (2003).

- NPS "COMPETITIVO": maneira de obter a medida de experiência comparativa entre os competidores, evitando assim o viés de inflação de nota.

- NPS TRANSACIONAL E RELACIONAL: o NPS medido em cada ponto de contato é chamado de medida transacional (ou seja, a cada transação), enquanto medir ao longo de uma jornada é chamado de relacional, ou seja, medir a força da relação. Por vezes também chamados de NPS top-down e NPS bottom-up.

- OMNICANAL: ideia de que a jornada seja consistente em/entre todos os canais. A jornada pode ser abandonada em um canal e retomada em outro, no mesmo ponto.

- ONBOARDING: começo da experiência do cliente (ou colaborador) com a organização.

- PAIN POINTS: pontos onde a experiência não é satisfatória.

- PERSONAS: caracteres fictícios e descritos em forma narrativa, baseados em dados levantados com clientes "reais". Personas são usadas em questões de *design* e em uso mais amplo em marketing.

- **SAAS:** *Software as a Service,* sistema de distribuição de software, em geral de maneira remota, e cuja rentabilização é feita através de assinaturas mensais por usuário.

- **SEM ATRITO:** experiência que não "agarra", sem ineficiência, fácil de transacionar.

- **TOUCHPOINTS:** pontos de contato, pontos de contato com o cliente durante o ciclo ou a jornada.

- **UPSELL:** ação de migrar um cliente existente para uma linha de produtos com maior benefício e preço, dentro de uma mesma categoria de produto.

- **VOC:** *Voice of the Customer,* refere-se ao *feedback* oferecido pelo cliente. O CXM busca integrar e agir sobre o VOC.

- **WOW! / UAU!:** fator ou emoção de uma experiência inesquecível.

REFERÊNCIAS

Abhari, K.; Saad, N. M. & Haron, M. S. Enhancing Service Experience through Understanding: Employee Experience Management. *International Seminar on Optimizing Business Research and Information,* Binus University, Jakarta, Indonesia. 2008.

Adams, F. The Forrester WaveTM: Customer Feedback Management Platforms, Q4 2018. *Forrester.* 2018. Disponível em: <https://www.forrester.com/report/The+Forrester+Wave+Customer+Feedback+Management+Platforms+Q4+2018/-/E-RES138491>.

Anderson, E. W.; Fornell, C. & Mazvancheryl, S. K. Customer satisfaction and shareholder value. *Journal of Marketing*, 68(4), 172–185. 2004.

Assumpção, A. *Gestão sem medo*. São Paulo: Saraiva, 2006.

Bain. *Employee engagement*. 2019. Disponível em: <test/about/employee-engagement.aspx>.

Barclay, S.; Todd, C.; Finlay, I.; Grande, G. & Wyatt, P. Not another questionnaire! Maximizing the response rate, predicting non-response and assessing non-response bias in postal questionnaire studies of GPs. *Family Practice*, 19(1), 105–111. 2002.

Berry, L. L. Relationship marketing. *Emerging Perspectives on Services Marketing*, 66(3), 33–47. 1983.

_____. Relationship marketing of services—Growing interest, emerging perspectives. *Journal of the Academy of Marketing Science*, 23(4), 236–245. 1995.

Berry, L. L.; Carbone, L. P. & Haeckel, S. H. Managing the total customer experience. *MIT Sloan Management Review*, 43(3), 85–89. 2002.

Bersin, J.; Flynn, J. & Mazor, A. H. The employee experience. *Deloitte*. 2017. Disponível em: <https://www2.deloitte.com/us/en/insights/focus/human-capital-trends/2017/improving-the-employee-experience-culture-engagement.html>.

Bossidy, L.; Charan, R. & Burck, C. *Execution: The Discipline of Getting Things Done*. Random House, 2011.

Brandenburger, A. M. & Nalebuff, B. J. *Co-opetition*. Crown Business, 2011.

Brown, T. Design thinking. *Harvard Business Review*, 86(6), 84. 2008.

_____. *Change by Design: How Design Thinking Transforms Organizations and Inspires Innovation*. HarperBusiness, 2009.

Brynjolfsson, E. & Smith, M. D. Frictionless commerce? A comparison of Internet and conventional retailers. *Management Science*, 46(4), 563–585. 2000.

Buchanan, R. Wicked problems in design thinking. *Design Issues*, 8(2), 5–21. 1992.

Burgelman, R. A. Corporate entrepreneurship and strategic management: Insights from a process study. *Management Science*, 29(12), 1349–1364. 1983a.

_____. A Process Model of Internal Corporate Venturing in the Diversified Major Firm. *Administrative Science Quarterly*, 28(2), 223. 1983b.

Burkus, D. Why McKinsey & Company's Alumni Network Is Crucial To Its Success. *Forbes*. 2016. Disponível em: <https://www.forbes.com/sites/davidburkus/2016/07/05/why-mckinsey-companys-alumni--network-is-crucial-to-its-success/#578b3f781580>.

Bussgang, J. & Benbarak, N. Every Company Needs a Growth Manager. *Harvard Business Review*. 2016. Disponível em: <https://hbr.org/2016/02/every-company-needs-a-growth-manager>.

Buttle, F. A. Word of mouth: Understanding and managing referral marketing. *Journal of Strategic Marketing*, 6(3), 241–254. 1998.

Caldeira, C. A. & Kallás, D. Execução estratégica: Descrição da estratégia. In: Abdalla, M. M.; Conejero, M. A. & Oliveira, M. A. de (orgs.). *Administração Estratégica: Da Teoria à Prática no Brasil*. Atlas, 2019. p. 128–142.

Campos, V. F. *TQC*: Controle da qualidade total. Belo Horizonte: Fundação Christiano Ottoni, 1992.

_____. *Gerenciamento pelas diretrizes*. 1996.

REFERÊNCIAS

_____. *Gerenciamento da rotina do trabalho do dia a dia*. INDG Tecnologia e Serviços, 2004.

Cândido, C. J. & Santos, S. P. Strategy implementation: What is the failure rate? *Journal of Management & Organization*, 21(2), 237–262. 2015.

Capodagli, B. & Jackson, L. *The Disney Way: Harnessing the Management Secrets of Disney in Your Company, Third Edition*. McGraw-Hill Education, 2016.

Carbone, L. P. & Haeckel, S. H. Engineering Customer Experiences, *Marketing Management*, 3(3), 8–19. 1994.

Carvalho, I. Itaú incorpora as práticas de gestão das fintechs. *Starse*. 2018. Disponível em: <https://www.startse.com/noticia/nova-economia/58089/itau-incorpora-as-praticas-de-gestao-das-fintechs>.

Chase, R. B. & Dasu, S. Want to perfect your company's service? Use behavioral science. *Harvard Business Review*, 79(6), 78–84. 2001.

Christensen, C. M.; Anthony, S. D.; Berstell, G. & Nitterhouse, D. Finding the right job for your product. *MIT Sloan Management Review*, 48(3), 38. 2007.

Christensen, C. M.; Hall, T.; Dillon, K. & Duncan, D. S. Know Your Customers' "Jobs to Be Done". *Harvard Business Review*, 94(9), 54–62. 2016.

Clarke, D. & Kinghorn, R. *Experience is everything: Here's how to get it right*. PwC. 2018. Disponível em: <https://www.pwc.com/us/en/services/consulting/library/consumer-intelligence-series/future-of--customer-experience.html>.

Clatworthy, S. Bridging the gap between brand strategy and customer experience. *Managing Service Quality: An International Journal*. 2012.

Collins, J. & Hansen, M. T. *Great by Choice: Uncertainty, Chaos and Luck: Why some thrive despite them all*. Random House, 2011.

Collins, J. & Porras, J. I. Building your company's vision. *Harvard Business Review*, Sep-Oct, 65–77. 1996.

Cook, S. & Hall, T. Marketing Malpractice: The Cause and the Cure. *Harvard Business Review*. 2005.

Cooper, A.; Reimann, R.; Cronin, D. & Noessel, C. *About face: The essentials of interaction design*. John Wiley & Sons, 1995.

Cooper, A.; Reimann, R. & Cronin, D. *About face 3: The essentials of interaction design*. John Wiley & Sons, 2007.

Cronin Jr, J. J. & Taylor, S. A. Measuring service quality: A reexamination and extension. *Journal of Marketing*, 56(3), 55–68. 1992.

CXPA. Exam Competences. *CXPA*. 2019. Disponível em: <http://www.ccxp.org/exam-resources/exam-blueprint/>.

Damais, J.-F. Don't Kill the Analyst Just Yet. *Ipsos*. 2016. Disponível em: <https://www.ipsos.com/en/dont-kill-analyst-just-yet>.

_____. The Five Forces of CX. *Ipsos*. 2019. Disponível em: <https://www.ipsos.com/en-my/five-forces-customer-experience-science-strong-relationships>.

Damais, J.-F. & Sant, R. Healing The Pain: Responding To Bad Experiences To Boost Customer Loyalty. *Ipsos*. 2016a. Disponível em: <https://www.ipsos.com/en/healing-pain-responding-bad-experiences-boost-customer-loyalty>.

_____. Smarter Closed Loop Feedback. *Ipsos*. 2016b. Disponível em: <https://www.ipsos.com/en/smarter-closed-loop-feedback>.

Davies, J. Is Employee Net Promoter Score (eNPS) a Good Measure of Engagement? *Qualtrics*. 2018. Disponível em: <https://www.qualtrics.com/blog/employee-net-promoter-score-enps-good-measure-engagement/>.

De Haan, E.; Verhoef, P. C. & Wiesel, T. The predictive ability of different customer feedback metrics for retention. *International Journal of Research in Marketing*, 32(2), 195–206. 2015.

De Leeuw, E. D.; Mellenbergh, G. J. & Hox, J. J. The Influence of Data Collection Method on Structural Models: A Comparison of a Mail, a Telephone, and a Face-to-Face Survey. *Sociological Methods & Research*, 24(4), 443–472. 1996.

Dery, K. & Sebastian, I. Building Business Value with Employee Experience. *MIT CISR*. 2017. Disponível em: <https://cisr.mit.edu/publication/2017_0601_EmployeeExperience_DerySebastian>.

REFERÊNCIAS

Dick, A. S. & Basu, K. Customer loyalty: Toward an integrated conceptual framework. *Journal of the Academy of Marketing Science*, 22(2), 99–113. 1994.

Dixon, M.; Freeman, K. & Toman, N. Stop trying to delight your customers. *Harvard Business Review*, 88(7/8), 116–122. 2010.

Dixon, M.; Ponomareff, L.; Turner, S. & DeLisi, R. Kick-ass customer service. *Harvard Business Review*, 95(1), 110–117. 2017.

Dixon, M.; Toman, N. & DeLisi, R. *The effortless experience: Conquering the new battleground for customer loyalty*. Penguin, 2013.

Douglas, S. P. & Nijssen, E. J. On the use of "borrowed" scales in cross-national research: A cautionary note. *International Marketing Review*, 20(6), 621–642. 2003.

Duhigg, C. *O poder do hábito: Por que fazemos o que fazemos na vida e nos negócios*. Objetiva, 2012.

Duncan, E.; Fanderl, H.; Maechler, N. & Neher, K. Customer experience: Creating value through transforming customer journeys. *McKinsey & Company*. 2016. Disponível em: <https://www.mckinsey.com/business-functions/marketing-and-sales/our-insights/customer-experience-creating-value-through-transforming-customer-journeys>.

Dutt, C. S.; Hahn, G.; Christodoulidou, N. & Nadkarni, S. What's so Mysterious about Mystery Shoppers? Understanding the Qualifications and Selection of Mystery Shoppers. *Journal of Quality Assurance in Hospitality & Tourism*, 20(4), 470–490. 2019.

Dwyer, F. R. Customer Lifetime Valuation to Support Marketing Decision Making. *Journal of Direct Marketing*, 3(4), 8–15. 1989.

Dynargie. O valor da Employee Experience. *Dynargie Blog*. 2018. https://blog.dynargie.com.br/valor-da-employee-experience/

East, R.; Romaniuk, J. & Lomax, W. The NPS and the ACSI: A Critique and An Alternative metric. *International Journal of Market Research*, 53(3), 327–346. 2011.

Edelman, D. C. & Singer, M. Competing on customer journeys. *Harvard Business Review*, 93(11), 88–100. 2015.

Edinger, S. Why CRM Projects Fail and How to Make Them More Successful. *Harvard Business Review*. 2018. Disponível em: <https://hbr.

org/2018/12/why-crm-projects-fail-and-how-to-make-them-more-
-successful>.

Edvardsson, B. & Olsson, J. Key concepts for new service development. *Service Industries Journal*, 16(2), 140–164. 1996.

Endeavor. *e-Talks | Business Model Generation: Como Inovar - Marcelo Salim [Ibmec]*. 2012. Disponível em: <https://www.youtube.com/watch?v=9sH8TozjHy4>.

Ewenstein, B.; Smith, W. & Sologar, A. Changing change management. *McKinsey Digital*, 1–4. 2015.

Fatma, S. Antecedents and consequences of customer experience management: a literature review and research agenda. *International Journal of Business and Commerce*, 3(6). 2014.

Fernandez, P. & Marques, P. Data Science, Marketing & Business. *Insper*. 2019. Disponível em: <https://datascience.insper.edu.br/index.html>.

Figueroa, J. Walt Disney World Resorts Now Charging Handling Fees For Front Desk and In-Room Grocery Deliveries. *WDW News Today*. 2019. Disponível em: <https://wdwnt.com/2019/04/walt-disney--world-resorts-now-charging-handling-fees-for-front-desk-and-in--room-grocery-deliveries/>.

Fitzsimmons, J. A.; Fitzsimmons, M. J. & Bordoloi, S. *Service management: Operations, strategy, and information technology*. 2004.

Forkmann, S.; Ramos, C.; Henneberg, S. C. & Naudé, P. Understanding the service infusion process as a business model reconfiguration. *Industrial Marketing Management*, 60, 151–166. 2017.

Fornell, C.; Rust, R. T. & Dekimpe, M. G. The effect of customer satisfaction on consumer spending growth. *Journal of Marketing Research*, 47(1), 28–35. 2010.

Franz, A. Customer Experience and Customer Success: What's the Difference? *Customer Think*. 2018. Disponível em: <http://customer-think.com/customer-experience-and-customer-success-whats--the-difference/>.

Frei, F. X. Breaking the trade-off between efficiency and service. *Harvard Business Review*, 84(11), 92. 2006.

REFERÊNCIAS

Frei, F. & Morriss, A. *Feitas para servir: Como lucrar colocando o cliente no centro do seu negócio*. HSM Editora, 2013.

Gartner. Customer Experience Management. *Gartner*. 2019. Disponível em: <https://www.gartner.com/it-glossary/customer-experience-management-cem>.

Gevelber, L. The Car-Buying Process: One Consumer's 900+ Digital Interactions. *Think with Google*. 2016. Disponível em: <https://www.thinkwithgoogle.com/consumer-insights/consumer-car-buying-process-reveals-auto-marketing-opportunities/>.

Goldman, R.; Pea, R.; Barron, B. & Derry, S. J. *Video research in the learning sciences*. Routledge, 2014.

Gonring, M. P. Customer loyalty and employee engagement: An alignment for value. *Journal of Business Strategy*, 29(4), 29–40. 2008.

Goodin, D. My iPod for a Random Playlist. *Wired*. 2005. Disponível em: <https://www.wired.com/2005/09/my-ipod-for-a-random-playlist/>.

Grenny, J. Great Storytelling Connects Employees to Their Work. *Harvard Business Review*. 2017. Disponível em: <https://hbr.org/2017/09/great-storytelling-connects-employees-to-their-work>.

Grønholdt, L.; Martensen, A.; Jørgensen, S. & Jensen, P. Customer experience management and business performance. *International Journal of Quality and Service Sciences*. 2015.

Grove, A. S. *High output management*. Vintage, 1983.

Grover, R. Staffbase Analysis Forecasts a 100% Increase in Employee Experience Professionals in 2018. *Staffbase*. Disponível em: <https://staffbase.com/blog/staffbase-analysis-forecasts-a-100-increase-in-employee-experience-professionals-in-2018/>.

Gryfo. Câmeras Inteligentes | Gryfo—Inteligência Artificial | São Paulo. *Gryfo*. 2019. Disponível em: <https://www.gryfo.com.br>.

Güneş, E. D.; Akşin, O. Z.; Örmeci, E. L. & Özden, S. H. Modeling customer reactions to sales attempts: If cross-selling backfires. *Journal of Service Research*, 13(2), 168–183. 2010.

Gupta, S. & Zeithaml, V. Customer metrics and their impact on financial performance. *Marketing Science*, 25(6), 718–739. 2006.

Hair Jr., J.; Black, W.; Babin, B. & Anderson, R. *Multivariate data analysis* (Vol. 8). 2010.

Hammersley, M. & Atkinson, P. *Ethnography: Principles in practice*. Routledge, 2007.

Harris, P. We the people: The importance of employees in the process of building customer experience. *Journal of Brand Management*, 15(2), 102–114. 2007.

Hart, C. W.; Heskett, J. L. & Sasser, J. W. The profitable art of service recovery. *Harvard Business Review*, 68(4), 148–156. 1990.

Helm, S. Calculating the value of customers' referrals. *Managing Service Quality: An International Journal*, 13(2), 124–133. 2003.

Heskett, J. L.; Jones, T. O.; Loveman, G. W.; Sasser, W. E. & Schlesinger, L. A. Putting the service-profit chain to work. *Harvard Business Review*, 72(2), 164–174. 1994.

Higgs, M. & Rowland, D. Building change leadership capability: 'The quest for change competence'. *Journal of Change Management*, 1(2), 116–130. 2000.

Hsieh, T. *Satisfação garantida*. Rio de Janeiro: HarperCollins, 2017.

Ipsos. Ipsos POV on Customer Experience. *Ipsos*. 2016.

_____. Ipsos Encyclopedia: Communities. *Ipsos*. 2019. Disponível em: <https://www.ipsos.com/en/ipsos-encyclopedia-communities>.

_____. Ipsos Encyclopedia: Focus Group. *Ipsos*. 2019. Disponível em: <https://www.ipsos.com/en/ipsos-encyclopedia-focus-group>.

Jenkinson, A. What happened to strategic segmentation? *Journal of Direct, Data and Digital Marketing Practice*, 11(2), 124–139. 2009.

Kalbach, J. *Mapping experiences: A complete guide to creating value through journeys, blueprints, and diagrams*. O'Reilly Media, 2016.

Kallás, D. & Caldeira, C. A. Execução estratégica: Mensuração e gestão da estratégia. In: Abdalla, M. M.; Conejero, M. A. & Oliveira, M. A. de (orgs.). *Administração Estratégica: Da Teoria à Prática no Brasil*. Atlas, 2019. p. 143–158.

Kallás, D. & Coutinho, A. *Gestão da estratégia: Experiências e lições de empresas brasileiras*. Campus, 2005.

REFERÊNCIAS

Kaplan, R. S. & Norton, D. P. *Organização orientada para a estratégia: Como as empresas que adotam o balanced scorecard prosperam no novo ambiente de negócios*. Gulf Professional Publishing, 2000.

_____. Mastering the management system. *Harvard Business Review*, 86(1), 63–77. 2008.

Karnes, KC. Customer Lifetime Value: What is it and How to Calculate. *CleverTap*. 2018. Disponível em: <https://clevertap.com/blog/customer-lifetime-value/>.

Keiningham, T. L.; Cooil, B.; Aksoy, L.; Andreassen, T. W. & Weiner, J. The value of different customer satisfaction and loyalty metrics in predicting customer retention, recommendation, and share-of-wallet. *Managing Service Quality: An International Journal*, 17(4), 361–384. 2007.

Keiningham, T. L.; Cooil, B.; Andreassen, T. W. & Aksoy, L. A longitudinal examination of net promoter and firm revenue growth. *Journal of Marketing*, 71(3), 39–51. 2007.

Kelley, T. *The Art Of Innovation: Lessons in Creativity from IDEO, America's Leading Design Firm*. Profile Books, 2016.

Kim, W. C. & Maugborgne, R. Value innovation. *Harvard Business Review*, Jan-Feb, 103–112. 1997.

Kiron, D. & Shrage, M. Strategic Measurement Global Executive Survey. *MIT Sloan Management Review*. 2018. Disponível em: <https://sloanreview.mit.edu/projects/leading-with-next-generation-key-performance-indicators/>.

Korneta, P. What makes customers willing to recommend a retailer: The study on roots of positive Net Promoter Score index. *Central European Review of Economics & Finance*, 5(2), 61–74. 2014.

_____. Net promoter score, growth, and profitability of transportation companies. *International Journal of Management and Economics*, 54(2), 136–148. 2018.

Kotter, J. P. Leading change: Why transformation efforts fail. *Harvard Business Review*, 73(2), 59–67. 1995.

Kozinets, R. V.; De Valck, K.; Wojnicki, A. C. & Wilner, S. J. Networked narratives: Understanding word-of-mouth marketing in online communities. *Journal of Marketing*, 74(2), 71–89. 2010.

Kriss, P. The value of customer experience, quantified. *Harvard Business Review*. 2014. Disponível em: <https://hbr.org/2014/08/the-value-of-customer-experience-quantified>.

Kristensen, K. & Eskildsen, J. Is the net promoter score a reliable performance measure? *2011 IEEE International Conference on Quality and Reliability*, 249–253. 2011.

Kuehnl, C.; Jozic, D. & Homburg, C. Effective customer journey design: Consumers' conception, measurement, and consequences. *Journal of the Academy of Marketing Science*, 47(3), 551–568. 2019.

Kumar, V.; Petersen, J. A. & Leone, R. P. How valuable is word of mouth? *Harvard Business Review*, 85(10), 139. 2007.

Lefort, F.; McMurray, D. & Tesvic, J. Secrets to implementation success. *McKinsey & Company*. 2015. Disponível em: <https://www.mckinsey.com/industries/consumer-packaged-goods/our-insights/secrets-to-implementation-success>.

Leisen Pollack, B. & Alexandrov, A. Nomological validity of the Net Promoter Index question. *Journal of Services Marketing*, 27(2), 118–129. 2013.

Lemon, K. N. & Verhoef, P. C. Understanding customer experience throughout the customer journey. *Journal of Marketing*, 80(6), 69–96. 2016.

Long, F. Real or imaginary: The effectiveness of using personas in product design. *Proceedings of the Irish Ergonomics Society Annual Conference*, 14, 1–10. 2009.

Macey, W. H. & Schneider, B. The meaning of employee engagement. *Industrial and Organizational Psychology*, 1(1), 3–30. 2008.

Magids, S.; Zorfas, A. & Leemon, D. The new science of customer emotions. *Harvard Business Review*, 76, 66–74. 2015.

Mankins, M. C. & Steele, R. Turning great strategy into great performance. *Harvard Business Review*, 83(7/8), 64–72. 2005.

REFERÊNCIAS

Markey, R.; Reichheld, F. F. & Dullweber, A. Closing the customer feedback loop. *Harvard Business Review*, 87(12), 43–47. 2009.

Maxham III, J. G. Service recovery's influence on consumer satisfaction, positive word-of-mouth, and purchase intentions. *Journal of Business Research*, 54(1), 11–24. 2001.

McDonald, D. The CEO Factory: Ex-McKinsey Consultants Get Hired to Run the Biggest Companies. *Observer*. 2013. Disponível em: <https://observer.com/2013/09/the-ceo-factory-ex-mckinsey-consultants--get-hired-to-run-the-biggest-companies/>.

Mercurio, N. & Fiesta, J. Designing a 'Smarter' Mystery Shopping Program. *Ipsos*. 2017.

Meyer, C. & Schwager, A. Understanding customer experience. *Harvard Business Review*, 85(2), 116. 2007.

Milliman, R. E. The influence of background music on the behavior of restaurant patrons. *Journal of Consumer Research*, 13(2), 286–289. 1986.

Morgan, N. A. & Rego, L. L. The value of different customer satisfaction and loyalty metrics in predicting business performance. *Marketing Science*, 25(5), 426–439. 2006.

Moss, F. Mind the gap: Why what a brand promises and what it delivers matter. *Ipsos*. 2019. Disponível em: <https://www.ipsos.com/en/mind-gap-why-what-brand-promises-and-what-it-delivers-matter>.

Mura, A. Advanced Gamification Techniques for Customer Success in SaaS Companies. *Userlane*. 2017. Disponível em: <https://blog.userlane.com/advanced-gamification-techniques-for-customer-success-in-saas-companies/>.

Neely, A. Exploring the financial consequences of the servitization of manufacturing. *Operations Management Research*, 1(2), 103–118. 2008.

Nicks, G. & Carriou, Y. Emotion, Attention and Memory in Advertising. *Ipsos*. 2016. Disponível em: <https://www.ipsos.com/sites/default/files/2017-03/IpsosConnect_POV_EmotionAttentionMemory.pdf>.

North, D. C. Institutions, Transaction Costs and Economic Growth. *Economic Inquiry*, 25(3), 419–428. 1987.

Oliver, R. L. Whence consumer loyalty? *Journal of Marketing*, 63, 33–44. 1999.

O'Reilly, C. A. & Tushman, M. L. Ambidexterity as a dynamic capability: Resolving the innovator's dilemma. *Research in Organizational Behavior*, 28, 185–206. 2008.

Parasuraman, A.; Zeithaml, V. A. & Berry, L. L. SERVQUAL: A multiple--item scale for measuring consumer perceptions of service quality. *Journal of Retailing*, 64(1), 12. 1988.

Pfeffer, J. & Sutton, R. I. *Hard Facts, Dangerous Half-Truths And Total Nonsense: Profiting From Evidence-Based Management*. Harvard Business Review Press, 2006.

Pine, B. J. & Gilmore, J. H. Welcome to the experience economy. *Harvard Business Review*, 76, 97–105. 1998.

Pingitore, G.; Morgan, N. A.; Rego, L. L.; Gigliotti, A. & Meyers, J. The Single-Question Trap. *Marketing Research*, 19(2). 2007.

Power, B. Why John Deere Measures Employee Morale Every Two Weeks. *Harvard Business Review*. 2016. Disponível em: <https://hbr.org/2016/05/why-john-deere-measures-employee-morale-every-t-wo-weeks>.

PWC. *Global Consumer Insights Survey 2019*. Global Insights, 2019.

Raassens, N. & Haans, H. NPS and online WOM: Investigating the relationship between customers' promoter scores and eWOM behavior. *Journal of Service Research*, 20(3), 322–334. 2017.

Ramshaw, A. How to set Net Promoter targets for your organisation. *Genroe*. 2012. Disponível em: <https://www.genroe.com/blog/how--to-set-net-promoter-targets-for-your-organisation-and-staff/1745>.

Ravasi, D. & Phillips, N. Strategies of alignment: Organizational identity management and strategic change at Bang & Olufsen. *Strategic Organization*, 9(2), 103–135. 2011.

Rawson, A.; Duncan, E. & Jones, C. The truth about customer experience. *Harvard Business Review*, 91(9), 90–98. 2013.

REFERÊNCIAS

Redman, T. C. & Hoerl, R. W. Most Analytics Projects Don't Require Much Data. *Harvard Business Review*. 2019. Disponível em: <https://hbr.org/2019/10/most-analytics-projects-dont-require-much-data>.

Reichheld, F. F. Loyalty-based management. *Harvard Business Review*, 71(2), 64–73. 1993.

_____. The one number you need to grow. *Harvard Business Review*, 81(12), 46–55. 2003.

_____. *A pergunta definitiva: Você nos recomendaria a um amigo?* Elsevier, 2006.

Reichheld, F. F. & Markey, R. *A pergunta definitiva 2.0*. Rio de Janeiro: Alta Books, 2011a.

_____. Introducing the Net Promoter System. *Bain & Company*. 2011b. Disponível em: <https://www.bain.com/insights/introducing-the-net-promoter-system-loyalty-insights/>.

Reichheld, F. F. & Sasser, W. E. Zero defections: Quality comes to services. *Harvard Business Review*, 68(5), 105–111. 1990.

Rosenbaum, M. S.; Otalora, M. L. & Ramírez, G. C. How to create a realistic customer journey map. *Business Horizons*, 60(1), 143–150. 2017.

Rosenberg, L. J. & Czepiel, J. A. A marketing approach for customer retention. *Journal of Consumer Marketing*, 1(2), 45–51. 1984.

Ross, J. Let Your Digital Strategy Emerge. *MIT Sloan Management Review*. 2018. Disponível em: <https://sloanreview.mit.edu/article/let-your-digital-strategy-emerge/>.

Rust, R. T.; Moorman, C. & Bhalla, G. Rethinking marketing. *Harvard Business Review*, 88(1/2), 94–101. 2010.

Rust, R. T. & Zahorik, A. J. Customer satisfaction, customer retention, and market share. *Journal of Retailing*, 69(2), 193–215. 1993.

Salvador, F.; Forza, C.; Rungtusanatham, M. & Choi, T. Y. Supply chain interactions and time-related performances: An operations management perspective. *International Journal of Operations & Production Management*, 21(4), 461–475. 2001.

Sauro, J. The challenges and opportunities of measuring the user experience. *Journal of Usability Studies*, 12(1), 1–7. 2016.

Schmidt, F. L. & Hunter, J. E. The validity and utility of selection methods in personnel psychology: Practical and theoretical implications of 85 years of research findings. *Psychological Bulletin*, 124(2), 262. 1998.

Schmitt, B.; Brakus, J. J. & Zarantonello, L. From experiential psychology to consumer experience. *Journal of Consumer Psychology*, 25(1), 166–171. 2015.

Service Design Tools. Journey Map. *Service Design Tools*. 2019. Disponível em: <https://servicedesigntools.org/tools/journey-map>.

Shaeffner, C. Why CRM Fails: The Top Reasons CRM Software Fails. *CRMSearch*. 2018. Disponível em: <http://www.crmsearch.com/crm-fail.php>.

Shah, D. & Kumar, V. The dark side of cross-selling. *Harvard Business Review*. 2012.

Shipton, K.; Skinner, G.; Duffy, B. & Watling, C. Great Expectations 2017: Are service expectations really rising? *Ipsos*. 2017. Disponível em: <https://www.ipsos.com/en/great-expectations-2017-are-service-expectations-really-rising>.

Shostack, L. Designing services that deliver. *Harvard Business Review*, 62(1), 133–139. 1984.

Sobek II, D. K. & Smalley, A. *Understanding A3 thinking: A critical component of Toyota's PDCA management system*. Productivity Press, 2008.

Spanyi, A. & Davenport, T. Digital Transformation Should Start With Customers. *MIT Sloan Management Review*. 2019. Disponível em: <https://sloanreview.mit.edu/article/digital-transformation-should-start-with-customers/>.

Steinman, D.; Murphy, L. & Mehta, N. *Customer Success: Como as empresas inovadoras descobriram que a melhor forma de aumentar a receita é garantir o sucesso dos clientes*. Autentica Business, 2017.

Stickdorn, M.; Schneider, J.; Andrews, K. & Lawrence, A. *This is service design thinking: Basics, tools, cases* (Vol. 1). New Jersey: Wiley Hoboken, 2011.

Stoyanov, S. R.; Hides, L.; Kavanagh, D. J.; Zelenko, O.; Tjondronegoro, D. & Mani, M. Mobile app rating scale: A new tool for assessing the quality of health mobile apps. *JMIR mHealth and uHealth*, 3(1), e27. 2015.

Sull, D.; Homkes, R. & Sull, C. Why strategy execution unravels—And what to do about it. *Harvard Business Review*, 93(3), 57–66. 2015.

Tax, S. S. & Brown, S. W. Recovering and learning from service failure. *MIT Sloan Management Review*, 40(1), 75. 1998.

Tax, S. S.; Brown, S. W. & Chandrashekaran, M. Customer evaluations of service complaint experiences: Implications for relationship marketing. *The Journal of Marketing*, 60–76. 1998.

Taylor, C. *Walking the talk: Building a culture for success*. The Learning Organization, 2005.

Temkin, B. *What Happens After a Good or Bad Experience*. Temkin Insights, 2018.

Thaler, R. & Sunstein, C. *Nudge: Improving Decisions about Health, Wealth, and Happiness*. Penguin, 2009.

The Disney Institute & Kinni, T. *Be Our Guest: Perfecting the Art of Customer Service*. Disney Editions, 2011.

Thomas, S. L. & Scroggins, W. A. Psychological testing in personnel selection: Contemporary issues in cognitive ability and personality testing. *The Journal of Business Inquiry*, 5(1), 28–38. 2006.

Thomke, S. H. The Magic That Makes Customer Experiences Stick. *MIT Sloan Management Review*, 61(1). 2019.

Tseng, M. M. & Piller, F. T. The Customer Centric Enterprise. In: Tseng, M. M. & Piller, F. T. (eds.), *The Customer Centric Enterprise: Advances in Mass Customization and Personalization*. Springer Berlin Heidelberg, 2003. p. 3–16.

Valinksy, J. Amazon reportedly employs thousands of people to listen to your Alexa conversations. *CNN*. 2018. Disponível em: <https://edition.cnn.com/2019/04/11/tech/amazon-alexa-listening/index.html>.

Vantasy. As a janitor at Disney World, I drew characters with water and a broom on the sidewalk to entertain guests. *Reddit*. 2014. Disponível em: <https://www.reddit.com/r/pics/comments/24w9cl/as_a_janitor_at_disney_world_i_drew_characters/>.

Verhoef, P. C.; Lemon, K. N.; Parasuraman, A.; Roggeveen, A.; Tsiros, M. & Schlesinger, L. A. Customer Experience Creation: Determinants, Dynamics and Management Strategies. *Journal of Retailing*, 85(1), 31–41. 2009. Disponível em: <https://doi.org/10.1016/j.jretai.2008.11.001>.

Wolfinger, N. H. On writing fieldnotes: Collection strategies and background expectancies. *Qualitative Research*, 2(1), 85–93. 2002.

Wollard, K. K. & Shuck, B. Antecedents to Employee Engagement: A Structured Review of the Literature. *Advances in Developing Human Resources*, 13(4), 429–446. 2011.

Xu, Y. & Liu, X. Study on flat organization structure of the large construction projects based on BIM [J]. *Journal of Engineering Management*, 1. 2013.

Yang, Z. & Peterson, R. T. Customer perceived value, satisfaction, and loyalty: The role of switching costs. *Psychology & Marketing*, 21(10), 799–822. 2004.

Yohn, D. L. Design your employee experience as thoughtfully as you design your customer experience. *Harvard Business Review*. 2016.

Yohn, D. L. Why Every Company Needs a Chief Experience Officer. *Harvard Business Review*. 2019. Disponível em: <https://hbr.org/2019/06/why-every-company-needs-a-chief-experience-officer>.

Zaki, M.; Kandeil, D.; Neely, A. & McColl-Kennedy, J. R. The fallacy of the Net Promoter Score: Customer loyalty predictive model. *Cambridge Service Alliance*, 1–25. 2016.

Zeithaml, V. A.; Berry, L. L. & Parasuraman, A. The behavioral consequences of service quality. *Journal of Marketing*, 60(2), 31–46. 1996.

Zeithaml, V. A.; Bitner, M. J. & Gremler, D. D. *Marketing de Serviços: A Empresa com Foco no Cliente*. AMGH Editora, 2014.

Zolkiewski, J.; Story, V.; Burton, J.; Chan, P.; Gomes, A.; Hunter-Jones, P.; O'Malley, L.; Peters, L. D.; Raddats, C. & Robinson, W. Strategic B2B customer experience management: The importance of outcomes-based measures. *Journal of Services Marketing*. 2017.

ÍNDICE

A

alinhamento
  horizontal, 56
  organizacional, 54–56
  vertical, 56
Amaro, 183–186
Amazon, 6, 24–26, 40, 168, 171
  Alexa, 25, 168
  Key, 25
  Prime, 25, 171
ambidestralidade, 61
Apple, 6, 173

B

Bill Gates, 24

C

Carrefour, 84–85
centralidade do cliente, 6
churn, 29, 36, 147, 171
close the loop, 143–158, 166, 189
cross-sell, 30, 40
C-Suite, 133
custo
  de aquisição do cliente, 28
  de servir, 33
  de transação, 30
Customer
  Feedback Management, 164, 167–168
  Happiness, 186
  Lifetime Value, 34, 92, 101, 172, 178
  Relationship Management, 47, 161–186
  Success, 18–20, 27–42

D

definição do problema, 150
design thinking, 68–90, 148, 189
digitalização, 5
diminuição de custos operacionais, 33
direct-to-consumer, 183
Disney, 123, 174, 179

E

Eiji Toyoda, 121
Employee Experience, 129–138
  Management, 129
Employee Net Promoter Score, 128–129

CUSTOMER EXPERIENCE MANAGEMENT

entender as causas, 151

Enterprise Resource Planning, 163

escopo da jornada, 75

estratégia omnicanal, 154–156

estratificação, 151

Extra, 84

F

fator humano, 140–158

fidelidade, 29

fidelização, 16, 27

Fleury, 117–118

Fred Reichheld, 16, 93–98

G

Gallup Q12, 127

gamificação, 176

gestão da mudança, 46–49

Google, 6, 79, 134, 168

I

IDEO, 68

indicação, 31, 40

indicadores de experiência, 91–120

intangibilidade, 139

Ipsos, 12, 144

Itaú, 133–134

J

Jeff Bezos, 24

jobs-to-be-done, 73–76, 80–81

L

lacuna de comunicação, 49

Leaky Bucket, 19

lealdade do cliente, 16, 27

LinkExchange, 40

literatura

da experiência, 16

de marketing, 16

lucratividade, 16

M

mapa

de atributos, 82–83

de jornada, 77–80

mapeamento

da jornada, 66–90

de processos, 67

de serviço, 67

MASP, 149

McKinsey, 60–62, 132–133, 135–137

metodologia em dupla espiral, 143

Microsoft, 6, 40

N

Net Promoter Score, 93–120, 128–129, 144, 185–186

O

Oberoi Group, 180

P

padronização, 152
Pão de Açúcar, 84–85
PDCA, 149, 189
persona, 73–76, 80–81
Pokémon GO, 6
prêmio de preço, 32
priorização, 145, 151
programa de mudança, 46–49, 59

Q

QC Story, 149
Qualtrics, 11, 125
quick wins, 61, 63

R

retenção, 16, 27, 29–31, 34, 40
retorno sobre experiência, 47

S

SAP, 11
satisfação, 29
Satya Nadella, 6
Service Blueprint, 79–80
servitização, 4
SERVQUAL, 15, 49
sistema de dupla hélice, 153, 163
software as a service, 18, 166

T

Target, 172
Tony Hsieh, 40, 186
transformação digital, 3

U

Uber, 5
Uberização, 82
upsell, 30, 40

V

variabilidade, 139–158
Votorantim Cimentos, 21

W

Waze, 5
wicked problems, 148

Z

Zappos, 40–42, 186

CONHEÇA OUTROS LIVROS DA ALTA BOOKS

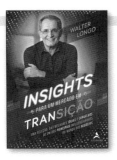

Todas as imagens são meramente ilustrativas.

+CATEGORIAS
Negócios - Nacionais - Comunicação - Guias de Viagem - Interesse Geral - Informática - Idiomas

SEJA AUTOR DA ALTA BOOKS!

Envie a sua proposta para: autoria@altabooks.com.br

Visite também nosso site e nossas redes sociais para conhecer lançamentos e futuras publicações!

www.altabooks.com.br

ALTA BOOKS
EDITORA

/altabooks • /altabooks • /alta_books

Este livro foi impresso nas oficinas gráficas da Editora Vozes Ltda.,
Rua Frei Luís, 100 – Petrópolis, RJ.